GUIDE
LITTÉRAIRE
DE PRAGUE

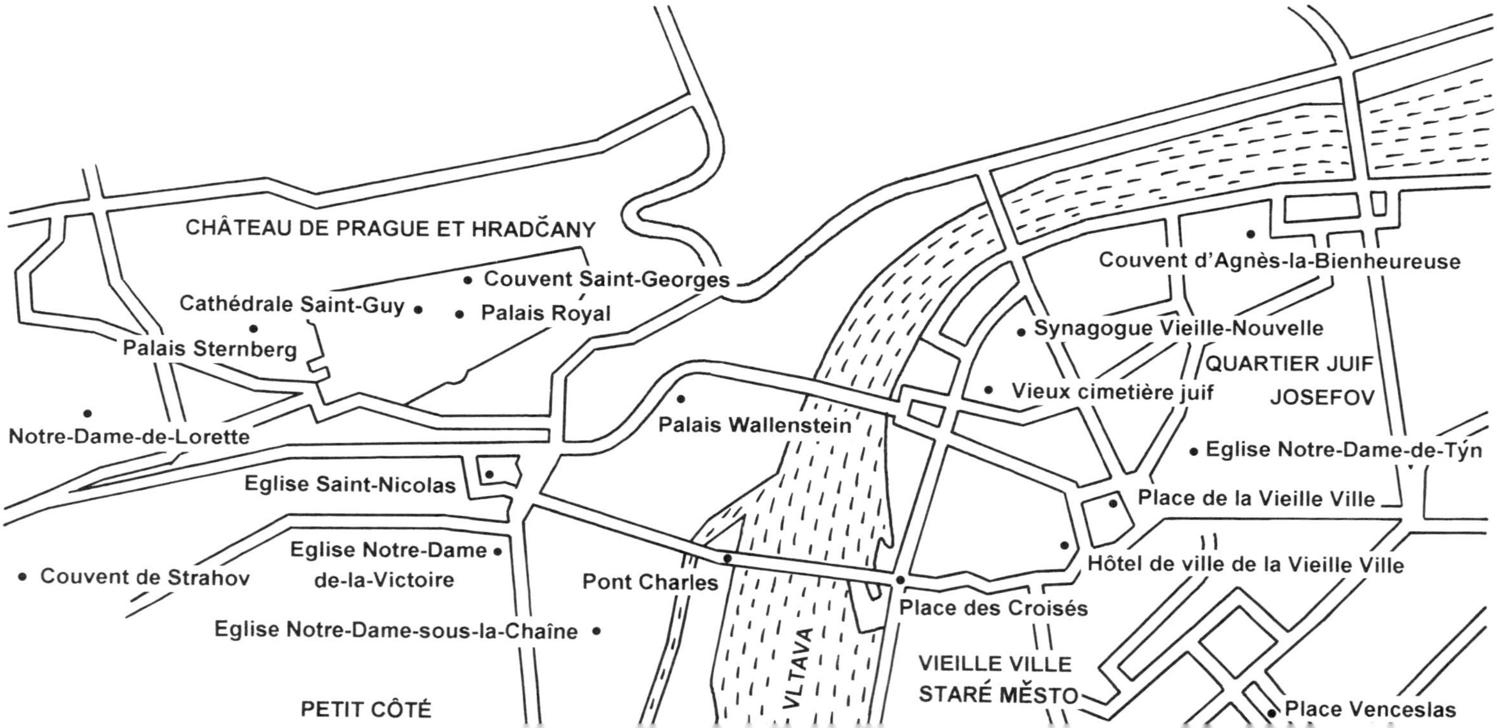
CHÂTEAU DE PRAGUE ET HRADČANY
Couvent Saint-Georges
Cathédrale Saint-Guy
Palais Royal
Palais Sternberg
Notre-Dame-de-Lorette
Eglise Saint-Nicolas
Eglise Notre-Dame
de-la-Victoire
Couvent de Strahov
Eglise Notre-Dame-sous-la-Chaîne
PETIT CÔTÉ
Palais Wallenstein
Pont Charles
VLTAVA
Place des Croisés
VIEILLE VILLE
STARÉ MĚSTO
Place Venceslas
Hôtel de ville de la Vieille Ville
Place de la Vieille Ville
Eglise Notre-Dame-de-Týn
Vieux cimetière juif
QUARTIER JUIF
JOSEFOV
Synagogue Vieille-Nouvelle
Couvent d'Agnès-la-Bienheureuse

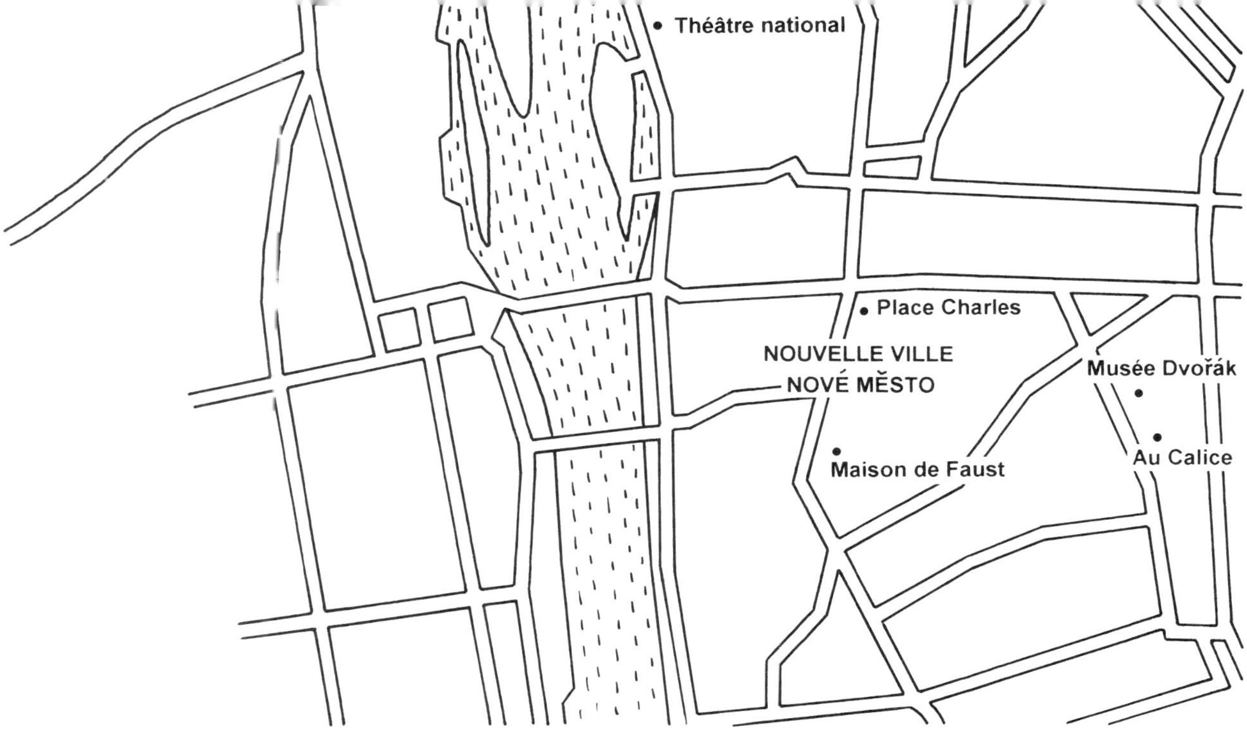
Théâtre national
Place Charles
NOUVELLE VILLE
NOVÉ MĚSTO
Musée Dvořák
Au Calice
Maison de Faust

PATRICK BOURDICHON

GUIDE LITTÉRAIRE DE PRAGUE

Hermé

Collection dirigée
par Christine Ausseur

7, rue d'Assas - 75006 Paris
I.S.B.N. : 2 86665 285 1
I.S.S.N. : 1275-7233

Avant-propos

Prague est certainement l'une des villes d'Europe qui, comme Venise, a aiguisé le plus l'imagination du voyageur et qui a inspiré tant de grandes plumes.

Les particularités de la capitale tchèque doivent beaucoup à sa situation. De tout temps les peuples, tchèque, allemand et juif se sont côtoyés avec leurs propres cultures – même si maintenant les communautés juive et allemande ont presque disparu. Pour Jean Piel, Prague est un pont jeté entre l'Est et l'Ouest, entre Germains et Slaves : « Un pont entre les grands courants d'idées qui se propageaient en Europe »[1].

Au fil du temps, les impressions des écrivains ayant visité ou habité Prague apparaissent très contrastées. La ville appelle les clairs-obscurs, elle se montrera tout à la fois pudique et sensuelle, baroque et classique, romantique et austère, mélancolique et radieuse, tourmentée et sereine, grise et éclatante, dolente et enjouée, soumise ou révoltée. C'est ainsi que se dessinera graduellement sous nos yeux le portrait de la capitale bohémienne, ainsi que le relief naît des ombres et des lumières. Pour se représenter Prague il est bon de faire le parallèle avec le célèbre portrait de *Rodolphe-Vertumnus* peint par Arcimboldo[2] au moyen d'un extravagant agrégat de légumes, de fruits et de fleurs. Si l'on s'approche pour examiner le front on n'aperçoit qu'un melon, si l'on observe le nez, c'est une poire ; pour la joue, c'est une pêche ; pour l'œil, une cerise et si l'on regarde le menton on ne voit que la bogue d'une châtaigne. Ce n'est qu'en prenant du recul que l'on découvre, émerveillé, le portrait de Rodolphe II. On pourrait penser que Prague relève du même phénomène. C'est d'ailleurs ce qui a inspiré Angelo Ripellino dans son essai romancé *Praga Magica* qui fait référence, lorsqu'il déclare :

« Et penser Prague comme une sorte d'*Inventio Arcimboldi*, comme une ville anthropomorphique qui aurait pour cheveux les arbres de Petrín, pour front le Hdčany, pour yeux les palais de Malá Strana, pour nez le pont Charles et pour bouche la place de la Vieille-Ville. »

Le voyageur qui arrive pour la première fois pourrait être étonné par les nombreux travaux de restauration entrepris dans toute la cité, ou par quelque immeuble décrépi et ravaudé de toute part. Si l'ancien régime a préservé la capitale de toute urbanisation sauvage, il a malheureusement négligé l'entretien de ce magnifique patrimoine architectural. Il y a peu, les Tchèques racontaient avec facétie que l'on reconnaissait un touriste à ce qu'il déambulait toujours sur le trottoir, le Praguois, plus prudent, marchait la tête levée au milieu de la chaussée ...

Cependant, chaque mois de nouveaux immeubles aux façades fumagineuses s'ébrouent pour s'extirper de leur chrysalide d'échafaudages en déployant leurs nouvelles ailes colorées.

Dans une première partie, nous rappellerons l'histoire de Prague avant de partir à la découverte de la ville en s'accompagnant des écrits d'auteurs étrangers puis nous tenterons d'en comprendre l'esprit à travers les textes apportés par les écrivains tchèques ; dans une seconde partie nous partirons en reconnaissance des divers quartiers de la ville ; enfin, nous évoquerons la capitale de Bohême en nous appuyant sur quelques thèmes chers aux Praguois : la Taverne, la Mort et la Musique.

Je vous propose donc de « chausser les semelles du temps » et de vous laisser guider dans la « capitale magique de l'Europe »[3], à travers l'espace et le temps, pour découvrir Prague telle qu'elle est, telle qu'elle était, et telle que nous la rêvons.

Petit rappel historique

Les Premiers Peuplements

Les terres du futur royaume de Bohême sont assez méconnues avant l'ère chrétienne puisqu'elles se situent hors des limites de l'Empire romain dont les limes sont édifiées à l'ouest, le long du Danube. Les Boïens constituent les premières peuplades, attestées dès le VIe siècle avant Jésus-Christ. Ces Celtes, bientôt chassés par les Marcomans et les Quades (Ier siècle avant Jésus-Christ), s'installent à l'est, vers la Pannonie (environs de l'actuelle Hongrie) et à l'ouest, en Gaule, dans les régions du Bordelais et de l'Allier.

Les Slaves restent les seuls maîtres de ce territoire jusqu'à l'invasion des Avars, venus d'Asie Centrale (VIe siècle). Ils recouvrent leur autorité territoriale en s'alliant avec les Francs, réunis autour de leur chef, Samo. L'empire éphémère de Samo s'écroulera en 658, à la mort de son fondateur.

En 830, le prince slave Mojmir fonde le royaume de Grande-Moravie composé du territoire de l'ancienne Tchécoslovaquie, ainsi que de la Haute et Basse Silésie. Pour échapper à la domination franque, son successeur, Rostislav (846-870), demande l'aide de Byzance pour évangéliser son royaume. C'est ainsi qu'arrivent Méthode et Constantin –

plus connu sous le nom de Cyrille. Les deux moines grecs, venus de Salonique, vont codifier le langage local en créant l'alphabet glagolitique dit plus tard « cyrillique », qui allait donner au slavon les structures d'une langue à part entière. À la mort de Svatopluk (870-894), dernier souverain de la Grande-Moravie, le royaume est partagé entre ses descendants.

Aux origines de la Bohême : la dynastie des Přemyslides

La Bohême est alors partagée en deux duchés : l'un en Moravie, aux mains des Slavniks ; l'autre autour de la Prague actuelle, tenu par les Přemyslides. Selon la légende slave cette dynastie est fondée par la princesse Libuse – fille de Čech, qui épouse un modeste laboureur du nom de Přemysl. En 895, le prince Bořivoj Přemyslide adopte la religion catholique et se fait baptiser par le moine Méthode. C'est à cette époque que sont édifiés les châteaux de Prague et de Vyšehrad puis, en 921 les fondations de la basilique Saint-Georges sont entamées.

Wenceslas Ier dit saint Wenceslas (921-935), troisième prince (Kníže) des Přemyslides, fait allégeance à l'empereur germanique Henri Ier l'Oiseleur. Assassiné par son frère Boleslav qui lui succède, il est canonisé et saint Wenceslas devient désormais le patron de la Bohême. Sous Boleslav Ier, dit « Le Cruel » (935-972), la Bohême est intégrée à l'Empire germanique (962) mais son fils, Boleslav II (972-999), obtiendra que l'église de Bohême soit placée sous l'autorité spirituelle de Prague qui devient alors évêché (973) et, en 993, l'évêque Aldabert (Vojtětch), fonde le couvent bénédictin de Břenov. Enfin, Boleslav unifiera les deux familles régnantes et, désormais, les Přemyslides deviennent les seuls maîtres de Bohême (995). Pourtant en 1002, Boleslav III est capturé par Boleslas Ier et la Bohême passe sous la suzeraineté polonaise. Deux ans plus tard, il sera délivré par les troupes germaniques.

En 1070, les princes de Bohême s'installent au château de Vyšehrad et, en 1089, l'empereur germanique Henri IV fait déposer le pape Grégoire VII qui s'opposait aux investitures laïques. Excommunié, l'empereur fait nommer l'antipape Clément III qui donne au prince Vratislav II (1061-1092) le titre de roi.

En 1091, *La Chronique de Kosmas*[4] témoigne du grand incendie qui dévaste complètement le château de Prague. Ce même ouvrage atteste de la présence des premiers marchands juifs sous l'actuel Hradčany. Après une complète rénovation, les princes de Bohême, autour de Vladislav II (1140-1172), quittent Vyšehrad pour le château de Prague. Le couvent de Strahov est édifié par les prémontrés. Quelques années plus tard, en 1158, le pont Judith, construit en pierre et baptisé du nom de la reine, enjambe la Vltava.

En 1198, l'empereur Philippe de Souabe accorde à la couronne de Bohême un titre de roi héréditaire qui sera porté pour la première fois par Ottokar Ier [1197-1230]. La Bulle d'Or, rendue en 1212 par l'Empire germanique, confirme la pleine souveraineté des rois de Bohême. Le commerce prend alors un essor considérable, si bien que le riche marchand juif Ibn Yakoub, originaire de l'émirat de Cordoue, décrit Prague comme « la plus riche des villes commerçantes ». Wenceslas Ier (1230-1253), fils d'Ottokar Ier, sera le premier roi de Bohême couronné à Prague. C'est sous son règne que débute la fortification de Staré Město [1230] et que l'ordre des clarisses ouvre le couvent d'Agnès-la-Bienheureuse (1233). Ottokar II, le « roi de fer » (1253-1278), entamera l'urbanisation complète de

Malá Strana (1257) – on rehausse la rive de plusieurs mètres afin de soustraire le quartier aux crues de la Vltava.

Wenceslas II « Le Vieux » (1278-1305), simultanément roi de Bohême, de Hongrie et de Pologne décrétera le monopole de la frappe de la monnaie à un taux fixe de métal précieux. Ce qui fera du « gros de Prague » une référence monétaire et économique dans toute l'Europe. L'an 1280 verra l'achèvement de la synagogue Vieille-Nouvelle. Son fils, Wenceslas III Le Jeune (1305-1306), qui accède au trône à l'âge de seize ans, sera assassiné l'année suivante par les Polonais. Sa mort marque la fin de la dynastie des Přemyslides.

La dynastie des Luxembourg

La succession à la couronne de Bohême sera réglée par le mariage d'Éliška, dernière des Přemyslides, avec Jean de Luxembourg dit « l'Aveugle » (1310-1346), fils de l'empereur germanique Henri VII. Il prend pour secrétaire particulier le musicien français Guillaume de Machault. Bien qu'aveugle, il combat à côté des Français à Crécy où il est tué. Peu intéressé par les choses du royaume, il entame pourtant, à partir de 1330, le pavage des rues de Prague et procède à l'édification de l'hôtel de ville de la Vieille-Ville. Son fils, Charles IV, (1346-1378) favorise les arts et les sciences et entreprend de grands travaux qui feront de Prague l'une des grandes capitales intellectuelles d'Europe. C'est ainsi qu'en 1348 s'ouvre l'université de Prague (Karolinum) et se constitue le quartier de la Nove Město ; le tchèque devient langue officielle et Prague devient le siège de l'autorité du royaume. L'année suivante, par décision pontificale, Prague deviendra le siège d'un archevêché. Un nouveau pont de pierre, flanqué de ses deux tours (actuel pont Charles) est édifié en 1357, en remplacement du pont Judith. Prague compte à cette époque 40 000 habitants, palais et églises fleurissent de toute part.

Wenceslas IV « l'Ivrogne » (1378-1419), autre fils de Jean, lui succède mais Prague n'est plus le siège du pouvoir. Son règne marquera quelques pages sombres de l'histoire de la Bohême telle que l'épidémie de peste qui décime la population en 1380. Entre 1402 et 1413, Jean Hus se rend célèbre par ses prédications à la chapelle de Bethléem. Il dénonce la corruption de l'église amenée par le Grand Schisme et prône le retour aux Écritures. Il devient également le premier recteur de l'université. Il entame dès lors une réforme simplifiant l'orthographe en adoptant les signes diacritiques propres à restituer les particularités phonétiques de la langue tchèque.

Sigismond de Luxembourg, autre fils de Jean, en qualité d'empereur germanique et pour mettre fin au grand schisme d'Occident, pousse Jean XXIII, dernier pape d'Avignon, à convoquer le Concile de Constance (1414). Jan Hus, reconnu hérétique, sera brûlé sur le bûcher (1415). Malgré le procès en hérésie, l'exécution de Jan Hus, son excommunication et l'interdit religieux sur Prague, le clergé tchèque entérine la doctrine hussiste. En 1419, le peuple se soulève contre les Consuls. Wenceslas IV entre en guerre contre son frère Sigismond. Ce sera la première défenestration de Prague à l'hôtel de ville qui allait précipiter l'avènement de la doctrine hussiste.

En 1420, les hussites, sous le commandement de Jan Žižka, édifient la ville fortifiée de Tabor, en Bohême du Sud. De nombreux paysans et artisans viennent grossir les rangs des premiers « Taborites ». La communauté décrète la mise en commun de tous les biens, abolit le servage et décide que les chefs seront désormais élus. Partisans de la communion sous les deux espèces, le pain et le vin, ils adoptent le calice pour emblème ; pour cette raison, on les désigne désormais du nom de « Calixtins » ou « Utraquistes ». Face aux papistes, ils se donnent quatre objectifs connus comme les « quatre articles de Prague » : liberté de communier sous les deux espèces ; liberté de prêcher les Écritures en tchèque ; châtiment pour tous ceux qui seraient convaincus de péché mortel et confiscation des biens du clergé. Les chefs hussites réussissent à repousser toutes les troupes coalisées contre eux. Mieux, ils portent maintenant leurs offensives vers l'Empire germanique, l'Autriche et les pays slaves, amenant avec eux leur doctrine qui se répand à travers l'Europe. Les troupes hussistes seront pourtant défaites à Lipany par Sigismond en 1434. L'empereur, sans descendance mâle, meurt trois ans plus tard. Albert d'Autriche, marié à la fille de Sigismond, accède au trône de Bohême mais meurt à son tour en laissant un fils posthume, Ladislav V « le Posthume » (1453-1457) qui disparaît également à l'âge de dix-sept ans.

C'est Georges de Podĕbrady « Le Hussiste » [1458-1471] qui enlève Prague aux Catholiques et s'efforce de rétablir l'autorité de l'État et de rénover la capitale. Il approfondit les échanges commerciaux avec l'étranger et tentera d'établir une unification des États européens.

La dynastie des Jagellons

Pour contrecarrer les visées hostiles de Rome à sa succession, Georges de Podĕbrady désigne son successeur de son vivant : ce sera Vladislav II Jagellon (1471-1516), alors fils du roi de Pologne, Casimir IV et neveu par alliance de

Ladislav le Posthume. Son successeur, Louis II Jagellon (1516-1526) réunira les couronnes de Bohême et de Hongrie. Il est tué par les Turcs à la bataille de Moháčs. Avec lui s'éteint la dynastie des Jagellon.

La dynastie des Habsbourg

La diète de Prague, décrète alors le rattachement de la Bohême à l'Autriche mais se place de fait sous l'autorité pesante de la très catholique maison de Habsbourg. C'est Ferdinand Ier (1526-1564), frère aîné de Charles Quint, qui s'empare de la couronne de Bohême. Après avoir tenté un rapprochement entre catholiques et protestants luthériens, il demande aux jésuites de venir s'installer à Prague. Son fils, Maximilien II (1564-1576), fera lui preuve d'une grande tolérance envers les Réformés.

Plus tard, Rodolphe II (1576-1611), empereur germanique, roi de Hongrie et de Bohême, ramène le siège de l'autorité de l'empire à Prague (1583). Par ses « Lettres de Majesté », il reconnaît la liberté de culte. Pourtant, l'intolérance catholique envers les Reformés amènera une tension croissante entre les deux communautés et une révolte populaire qui entraîne la seconde défenestration de Prague (1618). Cet événement servira de point de départ à la Guerre de 30 Ans.

Matthias (1611-1619), frère du roi, dépossédera Rodolphe II de toutes ses couronnes. Son fils, Ferdinand II, sera à son tour déchu par Frédéric V, « le roi d'un Hiver » (1619-1620). Électeur Palatin calviniste, il coiffe la couronne de Bohême à la demande des protestants tchèques mais doit prendre la fuite à la suite de la défaite de l'Union

Évangélique à la Montagne Blanche (1620). Cette déroute marquera le début de la répression catholique contre l'église réformée.

La couronne de Bohême retourne dans le giron des Habsbourg grâce à Ferdinand II (1620-1637), cousin de Matthias. À la tête des catholiques, il impose la paix de Lübeck et ordonne en 1621 l'exécution publique de 27 chefs protestants puis lance la Contre-Réforme. La nouvelle constitution de 1627 institue désormais l'hérédité de la couronne dans la maison de Habsbourg.

Ferdinand III (1637-1657) tente de poursuivre la Guerre de Trente ans contre la France et la Suède mais, en 1648, les Suédois occupent le château de Prague. Le traité de Westphalie met fin au conflit. Il amène notamment le rattachement de l'Alsace à la France et accorde l'indépendance à la Suisse et aux Provinces-Unies. Son successeur, Léopold Ier (1657-1705) mènera une lutte victorieuse contre le Turc mais il est contraint d'accepter la paix de Nimègue face à Louis XIV et qui apporte notamment la Franche-Comté à la France. Joseph Ier (1705-1711), fils aîné de Léopold Ier, poursuit la lutte contre Louis XIV pour contrer ses prétentions à la succession d'Espagne. À Prague, les premières statues baroques commencent à orner le pont Charles.

Charles VI (1711-1740), second fils de Léopold Ier, poursuit sa lutte pour la succession d'Espagne et tente de se faire reconnaître comme roi d'Espagne sous le nom de Charles III.

La dynastie des Habsbourg-Lorraine

Sa fille, Marie-Thérèse d'Autriche [1740-1780], épouse de François de Lorraine, mère de Marie-Antoinette, reine de France succède à Charles VI et se fait couronner à Prague en 1743 mais ramène la Bohême au rang de simple province autrichienne. Démettant l'assemblée de tous ses pouvoirs, la Bohême sera administrée directement par Vienne à partir de 1749.

Son fils, Joseph II « Le roi en chapeau » (1780-1790), frère de Marie-Antoinette, sera le seul Habsbourg à ne pas être couronné à Prague. Il se rend célèbre pour son anticléricalisme (joséphisme). Ainsi, il ordonne la dissolution de l'ordre des jésuites, reconnaît le mariage civil et conteste l'autorité de Rome. Il publie en 1781, un édit de tolérance religieuse envers les protestants et les juifs et ordonne la fermeture de nombreux couvents. En 1784, les quatre cités de Prague fusionnent en une seule ville et la première du *Don Juan* de Mozart est donnée au théâtre des États.

Après quarante années de germanisation forcée, la recherche d'une identité nationale slave prend, sous le règne de Léopold II (1790-1792), la forme d'une revendication linguistique. C'est ainsi que l'abbé Josef Dobrovský publie le premier manifeste des droits de la langue tchèque et que Jungmann crée le premier dictionnaire tchéco-allemand.

François II (1792-1835), également empereur d'Autriche, se montre hostile à la Révolution française et lutte contre Napoléon. Il devra pourtant se résoudre à lui accorder la main de sa fille Marie-Louise. Au lendemain de sa défaite à Austerlitz (Slavkov) avec le tsar, le traité de Presbourg (Brastislava) marquera la disparition du Saint-Empire romain germanique et accordera la Vénétie à la France.

Pendant ce temps à Prague, le sentiment anti-autrichien s'amplifie. Les Tchèques revendiquent une meilleure représentation nationale et le droit à l'usage de leur langue dans les universités et les écoles. Avec Ferdinand Ier d'Allemagne (1835-1848), le mouvement révolutionnaire gagne l'Europe entière. On apprend les événements d'Italie et de France amenant à l'abdication de Louis-Philippe. Le mouvement gagne Prague lors du Congrès panslave de 1848. En juin, la révolution populaire nationaliste sera étouffée par une forte répression autrichienne. Pourtant le roi abdique.

Prenant sa suite, son neveu François-Joseph Ier (1848-1916), refusant l'intégration de l'Autriche dans une « Grande Allemagne » se rapproche de Budapest et, en 1867, l'Autriche devient l'Autriche-Hongrie. Pourtant les revendications nationalistes ne sont pas apaisées. Les Tchèques réclament maintenant une entière autonomie, une reconnaissance de la couronne de Wenceslas et une entière souveraineté de leur territoire. Le parlement tchèque condamne l'annexion prussienne de l'Alsace-Lorraine et refuse de siéger à Vienne au sein du Conseil de l'Empire.

À cette époque Prague compte environ 550 000 habitants et entame sa modernité. En 1883, on alimente l'éclairage public de la ville en électricité tandis que s'achèvent les travaux de rénovation du Théâtre national, incendié juste après sa première inauguration. Les premières lignes de tramways apparaissent dès 1896.

L'assassinat de François-Ferdinand, neveu et héritier de François-Joseph, à Sarajevo sera l'une des conséquences directes de la Première Guerre mondiale à l'issue de laquelle la couronne d'Autriche rend son dernier souffle. Charles Ier (1916-1918), fils de l'archiduc Otton, succède en effet à son grand-oncle François-Joseph. Il épouse la princesse Zita de

Bourbon-Parme et finit par abdiquer, après la proclamation de la République autrichienne. Il s'installe alors à Madère et meurt à Funchal en 1922.

Vers la République

Tomáš Garrigue Masaryk, philosophe, professeur à l'Université et ancien député de l'opposition, crée à Paris le Conseil National Tchèque (1916). Il devient le premier président de la République, après la Déclaration d'indépendance de la Tchécoslovaquie, le 28 octobre 1918. L'administration autrichienne quitte Prague et, en 1920, se forme le premier Parti Communiste tchèque qui, l'année suivante, rejoint la IIIe Internationale.

C'est Edvard Beneš qui succède à Masaryk en 1935 et signe un pacte d'assistance mutuelle entre la Tchécoslovaquie et l'URSS. D'autre part, le parti de Konrad Henlein, faisant écho aux revendications d'Hitler, réclame l'annexion des Sudètes au Reich. Sous la pression des Britanniques, Beneš est amené à accepter les accords de Munich ; mais en octobre 1938 il donne sa démission, laissant le gouvernement aux mains du général Syrovy.

Élu en novembre 1938 à la présidence de la République, Émile Hacha est appelé à Berlin par Hitler ; il est contraint de « remettre entre les mains du Führer allemand le destin du peuple tchèque ». Le 15 mars 1939, la Wehrmacht pénètre dans Prague et le Führer annonce la création d'un protectorat de Bohême-Moravie.

Pour organiser la résistance, Beneš, réfugié à Londres, tente de constituer une armée de libération et forme un gouvernement tchèque en exil (avril 1945). En mai, les

Praguois se révoltent contre l'occupant nazi et le 8, Prague est « libérée » après l'arrivée de l'armée rouge, en accord avec l'armée américaine.

À partir de cette date, un « bras de fer » s'engage entre Beneš et Gottwald, le protégé de Moscou. C'est ce dernier qui sortira vainqueur de l'élection et remplacera Beneš à la présidence de la République. En février 1948, « le coup de Prague », fomenté par Klement Gottwald, entraîne la « démission » collective des douze ministres non communistes afin de mettre en place un nouveau gouvernement communiste aux ordres de Moscou qui entame une stalinisation massive et une épuration du Parti, après le procès Slansky, secrétaire général du Parti.

En 1953, Antonín Zápotocký garde la même ligne politique que son prédécesseur. Il inaugure en 1955, la gigantesque statue de Staline sur le parc Letná. Elle sera détruite en 1962 par son successeur Antonín Novotný.

Le Slovaque Alexander Dubček, devient le nouveau secrétaire du Parti communiste en janvier 1968. Il prône désormais « un socialisme à visage humain » et décrète l'abolition de la censure. C'est le début du « Printemps de Prague », inacceptable pour Moscou. Le 21 août, l'armée soviétique pénètre dans la capitale tchèque. Le 19 janvier 1969, l'étudiant Jan Palach s'immole par le feu sur la place Wenceslas pour protester contre l'occupation soviétique.

Les apparatchiks, autour de Ludvik Svoboda, mettent alors en place une normalisation générale du pays qui commence par l'exclusion de 500 000 communistes du Parti. Gustáv Husák prend les rênes du pouvoir en 1975. En 1977, Václav Havel est, avec Jan Patočka, l'un des fondateurs de la Charte 77. Cette charte est signée par plus de deux cents intellectuels. Václav Havel est arrêté et emprisonné en 1979.

En décembre 1987, Mikloš Jakeš remplace G. Husák à la tête du Parti. V. Havel est à nouveau arrêté en janvier 1989, peu avant la démission des dirigeants du Parti communiste tchèque.

La liberté derrière le mur

En novembre 1989, une grande manifestation populaire de liberté s'organise et amène la démission de M. Jakěs. C'est la « Révolution de Velours » et la fin de la démocratie populaire tchèque.

Le 29 décembre 1989, Václav Havel est élu président de la République tchécoslovaque et les troupes d'occupation russes rentrent à Moscou.

Depuis lors, le vent de la liberté souffle sur la capitale tchèque et après le rideau de fer, le rideau de velours se lève sur le grand théâtre de Prague, laissant place au dramaturge Václav Havel qui, désormais, écrira le nouvel acte de l'histoire de Prague...

CHAPITRE I

LES CHEMINS DE LA LIBERTÉ

« Depuis des siècles, on l'a dit et redit, les Tchèques étaient bien placés pour voir le monde s'évanouir en dérobades et en machinations, victime d'une insondable traîtrise spirituelle dont l'infâme paix de Westphalie ne faisait que marquer la consécration définitive. Comenius écrivant le *Labyrinthe du monde et le Paradis du cœur* [...] avait dû connaître un dépouillement qui, au fond, n'aurait guère varié jusqu'à nos jours. Si Dieu s'était moqué de la Bohême, les Tchèques ont appris à se moquer de ses directeurs de conscience toujours aussi fourbes, de quelque bord qu'ils fussent ; ils ont méprisé les chefs, et ils n'en ont pas eu [...]. »

Václav JAMEK
Traité des courtes merveilles
Éditions Grasset, 1989

Si l'on excepte la période de Masaryk[5], il semble que, depuis la terrible humiliation de la Montagne Blanche, le Pragois ait dû se placer toujours sous le joug étranger jusqu'à la Révolution de Velours. Fort heureusement la population a appris à se défier de l'autorité et à ne pas penser « au garde à vous ».

Depuis le XVIe Siècle, Comenius[6] en écrivant *Le Labyrinthe du Monde* (Labyrint Světa a Ráj Srdce) – écrit

après la défaite de la Montagne Blanche, avait appris aux Tchèques à ne pas se fier aux apparences et à voir la vérité derrière la réalité apparente.

Dans son roman, le pèlerin, héros de l'histoire, parcourt le monde pour en connaître tous les secrets. Pour cela ce pèlerin est amené à chausser des lunettes dites Habitude *équipées de verres appelés* Opinion, *car la reine du monde ne permet pas de voir le monde* à l'œil nu. *Cet équipage avait en effet la propriété surprenante de faire apparaître près ce qui était loin et loin ce qui était proche.*

Michel de Crayencour, père de Marguerite Yourcenar, avait en son temps traduit en anglais le récit de Comenius. Dans le triptyque de ses souvenirs familiaux qu'elle intitule d'ailleurs Le Labyrinthe du Monde *Marguerite Yourcenar se souvient :*

« Jeanne lui a proposé de traduire en français un vieux livre tchèque qu'ils lisaient tous les deux dans une version anglaise. C'est un voyage allégorique tel qu'en a produit çà et là la littérature piétiste du XVIIe siècle. L'auteur est un grand écrivain morave, Coménius, ou, si l'on préfère, Komenský, qui, exilé de son pays, installa dans la Hollande de l'âge d'or sa petite communauté de pieux résistants. Est-ce à Amsterdam ou à Prague qu'il a composé cette grinçante satire du monde tel qu'il est ? Un quidam sorti de chez lui pour s'instruire reçoit aussitôt d'un passant cajoleur une paire de lunettes roses qui lui montrent tout en beau et se laisse emplir les oreilles d'une cire qui adoucit tous les bruits. Tout est pour le mieux jusqu'au jour où le voyageur apprend à loucher sous ses besicles, et à retirer un peu de la cire qui bouche l'ouïe. Le monde se révèle aussitôt comme une ville ceinte de murailles, belle de loin, inquiétante et labyrinthique de près, pleine de cris et de rires pires que des cris, de refrains idiots d'ivrognes, du boniment des charlatans sur la place publique, et du susurrement des doctes qui insinuent des vérités fausses.[...] Tout ce qu'on voit est faux et truqué. »

Marguerite YOURCENAR
Quoi ? L'Éternité
Éditions Gallimard, 1988

Comenius avait été le dernier des évêques hussistes. Son maître, Jan Hus, avait été brûlé sur le bûcher après le procès de Constance. Procès inique en hérésie devant le concile présidé par le cardinal de Viviers (1415), alors que la tiare papale n'avait plus de tête pour être supportée. Pour tout Tchèque, Jan Hus représente le symbole de la résistance à l'oppression. Agrippa d'Aubigné, grande figure française de la Réforme, a voulu rendre hommage à son tour au Maître de Husinec :

« De qui puis-je choisir l'exemple et le courage ?
Tous courages de Dieu. J'honorerai vostre aage,
Vieillards, de qui le poil a donné lustre au sang,
Et de qui le sang fut décoré du poil blanc :
Hus, Hierome de Prague, images bien cognues
Des tesmoins que Sodome a trainé par les rues
Couronnez de papier, de gloire couronnés
Par le siège qui a d'or mitrés et ornés
Ceux qui n'estoyent pasteurs qu'en papiers et en titres,
Et aux evesques d'or fait de papier les ministres,
Leurs cendres qu'on jeta au vent, en l'air, en l'eau
Profitèrent bien plus que le puant monceau
Des charognes des grands que, morts, on emprisonne
Dans un marb' ouvragé : le vent léger nous donne
De ces graines par tout ; l'air presqu'en toute part
Les esparpille, et l'eau à ses bords les depart. »

Agrippa d'Aubigné
Les Tragiques, Liv. IV

Deux siècles après le bûcher de Hus, La Contre-Réforme allait se mettre en marche pour faire rendre gorge aux Calistins. Après l'interdiction de la pratique du culte réformé dans toute la ville de Prague, la population, soutenue par l'aristocratie protestante, décida de « monter au château » pour s'en indigner auprès du futur Ferdinand II qui s'apprêtait à coiffer la couronne des Habsbourg. Après quelques échauffourées, deux lieutenants-généraux représentant de l'empereur et leur secrétaire passèrent à travers la fenêtre. Dans sa bienveillance, la providence avait placé un gros tas de fumier à l'endroit où, après 15 mètres, se terminait la chute. Les trois hommes s'en tirèrent avec quelques commotions. Pourtant cette deuxième défenestration allait servir de prétexte à la Guerre de Trente Ans.

Lors de son arrivée à Prague pour rencontrer Charles X en exil, Chateaubriand note dans ses mémoires :

« Prague souvent assiégé, pris et repris nous est militairement connu par la bataille de son nom et par la retraite où se trouvait Vauvenargues. Les boulevards de la ville sont démolis. Les fossés du Château, du côté de la haute plaine, forment une étroite et profonde entaille maintenant plantée de peupliers. À l'époque de la guerre de Trente Ans, ces fossés étaient remplis d'eau. Les protestants ayant pénétré dans le château le 23 mai 1618, jetèrent par la fenêtre deux seigneurs catholiques avec le secrétaire d'État : les trois plongeurs se sauvèrent. Le secrétaire, en homme bien appris, demanda mille pardons à l'un des deux seigneurs d'être tombé malhonnêtement sur lui. Dans ce mois de mai 1833, on n'a plus la même politesse : je ne sais trop ce que je dirais en pareil cas, moi, qui ai cependant été secrétaire d'État. »

François-René de CHATEAUBRIAND
Mémoires d'outre-tombe

Avec l'annexion des Sudètes, les troupes allemandes entrent à Prague et, ultime blessure, Hitler apparaît au balcon du château le 16 mars 1939 : « À la fenêtre qui donnait sur les jardins
Hitler est apparu pour, dans une grimace,
donner à Prague l'ordre de s'agenouiller [...][7] ».

Après avoir supporté les dominations allemande, suédoise, austro-hongroise et après le « Coup de Prague », les Tchèques pensaient bien pouvoir enfin s'émanciper de la protection du « Grand Frère soviétique ». Vers la fin des années 60, insensiblement – étrangement, la pluie se fit moins pénétrante, la brume moins pesante tandis que la Vltava se rassérénait et que le soleil réchauffait de l'intérieur.

Cette tendance à la libéralisation gagne peu à peu l'ensemble de la jeunesse praguoise même si, du côté de l'Oural, on commence à froncer les sourcils. Les jeunes Praguois se rassemblent donc régulièrement et prennent peu à peu leurs habitudes sur la place de la Vieille Ville autour de la grande statue de bronze comme s'ils voulaient prendre Jan Hus à témoin et l'inviter à la fête.

Josef Škvorecký ne sait pas encore qu'il quittera Prague dans quelques semaines :

« On avait pris l'habitude de surnommer ce lieu de rassemblement *Hyde Park*. Mais si dans le Hyde Park de Londres on pouvait entendre les saints des Derniers Jours prêcher l'abstinence et annoncer la seconde venue du Christ, nos saints à nous, moins pittoresques, étaient venus avant l'heure. Ils faisaient leurs discours au pied de la statue idéalisée du prêtre brûlé au début du XVe siècle pour avoir dénoncé avec virulence l'imbécillité de l'organisation qui tenait les lévriers du pouvoir. La place s'était transformée en campement. On pouvait y voir des symptômes violents de cette étrange maladie de la jeunesse, maladie peut-être saine : aveuglement à l'égard de tout ce qui est bon dans le système social fabriqué de bric et de broc par leurs parents, vision aiguë de tout ce qui cloche dans le système. Le soleil brillait, mais l'ombre de la cathédrale de Týn recouvrait une partie de la place. Du haut de la galerie de la tour, Maître Kampanus avait assisté à l'exécution des seigneurs tchèques qui avaient tenté d'empêcher les armées de Habsbourg d'apporter leur aide fraternelle aux fidèles catholiques tchèques. Ainsi, dans cette ambiance de foire, rien ne manquait au symbolisme du lieu et de l'action. La place brillait comme un tapis en patchwork, grouillant de garçons chevelus aux chemises bariolées et de jeunes filles incroyablement belles en minijupes de toutes les couleurs. Quelques jeunes avaient apporté leurs guitares et, entre deux discours, on entendait une chanson tout aussi expressionniste que la statue du rouspéteur brûlé au bûcher, pleine de dissonances et de hurlements rock [...]. »

Josef ŠKVORECKÝ
Miracle en Bohême
Traduction de Claudia Ancelot
Éditions Gallimard, 1978

Cette jeunesse de Prague s'épanouissait donc comme rose au printemps. Puis ce fut l'été. Et cette date du 21 août – plantée comme une épée dans le cœur de Prague :

« Il raccrocha.

Je sautai du lit et sur des jambes qui se dérobaient sous moi [...] j'allai à la fenêtre.

En bas, un bruit comme si on transportait un chargement de casseroles et une scène qui sortait tout droit des romans de science-fiction d'Ocenas. L'un après l'autre des monstres trapus, messagers de la vérité, émergeaient de la brume. Sur les tanks, regardant à travers le hublot avec l'œil creux des robots, des adolescents du pays dont on nous avait dit qu'il était la locomotive de l'histoire. Une locomotive qui ressemblait fichtrement à un tank.

Je me rendis compte que mon ironie ne m'avait pas abandonné et les genoux recommencèrent à m'obéir.

Je courais à travers les rues du petit matin. J'avais renoncé à sortir ma Skoda du garage. Le flot des tanks n'arrêtait pas et des embouteillages d'acier se formaient aux carrefours. Devant la maison, quelques gamins lançaient des bouteilles et des pierres sur les blindés.

Il était à peine quatre heures du matin, mais la foule bouillonnait déjà dans les rues. Des femmes échevelées en larmes. Des hommes pas rasés, criant des injures grossières et ô combien justifiées, des jeunes en chemises bariolées qui levaient leur poing fermé, non pas pour le salut à la mode mais dans un geste plus ancien et bien plus humain. Des écolières couraient le long des tanks avec leur bruit de ferraille et criaient en russe de leurs voix pleines de larmes : *Patchémou ? Patchémou vy priiechali cioudа*[8].

[...] « Patchémou ? Patchémou ? » hurlaient les filles et de vraies larmes coulaient de leurs yeux. Le politrouk leur lança un regard mauvais qui sentait la steppe »

Josef ŠKVORECKÝ
Miracle en Bohême
Traduction de Claudia Lancelot
Éditions Gallimard, 1978

Le jour même de l'invasion soviétique, et douze ans après sa libération, Artur London arrive à Prague et assiste consterné, au déferlement des 6 000 blindés et aux 600 000 soldats qui envahissent soudain son pays. Il témoigne et tire les enseignements :

« J'étais depuis cinq heures à Prague quand l'invasion a commencé. Il y avait donc dans ma vie ce chapitre, pire peut-être du point de vue moral que ceux que j'avais déjà connus : la première agression dans l'histoire du mouvement ouvrier contre un pays socialiste par des pays socialistes. Contre un pays socialiste coupable d'avoir voulu restaurer la confiance de ses peuples dans le socialisme.

Il m'a donc été donné d'être le témoin de l'attitude admirable de mon peuple, témoin de sa haute conscience civique, de son extraordinaire sens politique, de son courage.

J'ai vu, dans la matinée du 21 août, ce groupe d'une centaine de jeunes garçons et filles s'arrêter devant le ministère de l'intérieur, investi par les parachutistes soviétiques et leurs tanks. Je les ai entendus crier : *Vive Pavel ! Nous sommes avec vous !* J'ai pensé que nous n'avions pas vécu en vain. J'ai pensé... Mais ils l'ont dit plus haut que moi, déployant notre drapeau trempé dans le sang du premier tué de ce matin-là, chantant à l'adresse des soldats soviétiques bouleversés, le chant révolutionnaire :

Le voilà, le voilà, regardez !
Il flotte et fièrement il bouge
L'étendard aux longs plis déployés

Osez, osez le défier
Notre invincible drapeau rouge
Rouge du sang des ouvriers !
[...]

Quand bien même l'espoir qui est né chez nous en janvier 1968 n'aurait produit que cette réhabilitation du mot socialisme, ce nouveau respect des valeurs humaines qu'il implique, les peuples tchèque et slovaque auraient déjà bien travaillé pour le mouvement ouvrier tout entier. Mais cet espoir, pour menacé qu'il soit, n'est déjà plus si fragile, déjà il s'est répandu si bien qu'aucune force brutale ne pourra plus l'éteindre à moins de faire régner une paix des cimetières. Le peuple de Jean Huss a réhabilité sa devise : *La Vérité Vaincra*, la mariant pour toujours à l'*Internationale.* »

Paris, Le 30 septembre, 1968.

Artur LONDON
L'Aveu
Adapté de l'anglais par Artur et Lise London
Éditions Gallimard, 1968

CHAPITRE II

C'EST UN PEU D'ITALIE QUI DESCENDRAIT LA MOLDAU[9]

Nombre de voyageurs arrivant à Prague sont immédiatement intrigués par son côté italianisant qui lui valut son appellation de « Rome du Nord ». L'architecture baroque conçue principalement par des artistes italiens y est pour quelque chose, mais avec un peu d'attention on peut découvrir bien d'autres similitudes entre les deux capitales : les collines surplombant les deux cités, les méandres du Tibre et de la Vltava enjambées chacune par treize ponts en traversant la capitale.

La légende même de la fondation de Rome par les frères Romulus et Rémus trouve des réminiscences en deçà le Danube :

« En ce temps-là, deux frères d'une puissante famille, tous deux chefs de clan, Čech[10] et Lech, décidèrent d'abandonner la terre natale tant troublée par les guerres. Ils se dirent :

– Partons à la recherche de nouveaux territoires où notre tribu pourra vivre en paix et se consacrer à son travail.

[...] Ils traversèrent encore quelques territoires où les gens parlaient leur langage, et même au-delà, dans les pays qu'arrosait l'Elbe, il y avait encore quelques traces de leur langue.

Avant le deuxième fleuve, le pays leur parut plus désert ; ils ne rencontrèrent que de rares villages très espacés les uns des autres et dont les habitants vêtus de peaux de bêtes parlaient une langue étrangère. Ils étaient peu nombreux mais, hardis et courageux, ils barraient le passage aux étrangers les armes à la main. Čech, Lech et leurs troupes les vainquirent, détruisirent leurs misérables gîtes – de grossières huttes ou des trous creusés dans le sol –, et poursuivirent leur avance, traversant forêt après forêt.

...Ils atteignirent le troisième grand fleuve, la Vltava, là où ses eaux traversaient ce pays sauvage ; et quand ils l'eurent passée à gué, toute la troupe commença à se plaindre de ce pénible et interminable voyage, et que nulle part, il n'y eût d'endroit où s'arrêter enfin.

Alors le chef Tchèque désigna une haute montagne dont la silhouette bleue, dominant la vaste plaine, se dessinait dans le lointain et dit :

– Venez, allons jusqu'au pied de cette montagne, les enfants et les troupeaux pourront s'y reposer.

... Maintenant vous ne vous plaindrez plus, car nous avons trouvé une terre où nous pouvons nous arrêter et nous établir. Regardez, c'est cette terre que vous cherchiez. Souvent je vous en avais parlé, et je vous avais promis de vous y conduire. C'est en terre promise, pullulant de bêtes et d'oiseaux, découlant de lait et de miel. Elle nous protégera de nos ennemis et vous y connaîtrez l'abondance. Voyez un pays tel que vous l'aviez désiré ! Il ne lui manque qu'un nom. Réfléchissez donc, quel nom lui sera donné ?

– Le tien ! Qu'il porte ton nom ! s'écria un vieil homme à la longue barbe blanche, le plus âgé des patriarches. Son cri retentit comme s'il eut été inspiré par les dieux, et aussitôt, tous, patriarches et peuple réunis, hurlèrent d'une même voix :

– Le tien ! Ton nom ! – Qu'on lui donne ton nom ! »

Aloïs Jirásek
Légendes de l'ancienne Bohême

En mai 1833, Chateaubriand entre à Prague. Il vient rendre visite à Charles X alors en exil. Il découvre la ville surpris par son charme, elle lui rappelle l'Italie :

« Je ne sais pas pourquoi je m'étais figuré que Prague était niché dans un trou de montagnes qui portaient leur ombre noire sur un tapon de maison chaudronnées : Prague est une cité riante où pyramident vingt-cinq à trente tours et clochers élégants : son architecture rappelle une ville de la Renaissance. La longue domination des Empereurs sur les pays cisalpins a rempli l'Allemagne d'artistes de ce pays ; les villages autrichiens sont des villages de la Lombardie, de la Toscane ou de la terre ferme de Venise : on se croirait chez un paysan italien, si dans les fermes à grandes chambres nues, un poêle ne remplaçait le soleil.

La vue dont on jouit des fenêtres du château est agréable : d'un côté, on aperçoit les vergers d'un frais vallon, à pente verte, enclos des murs dentelés de la ville, qui descendent jusqu'à la Moldau, à peu près comme les murs de Rome descendent du Vatican au Tibre ; de l'autre côté on découvre la ville traversée par la rivière s'embellit d'une île plantée en amont, et embrasse une île en aval, en quittant le faubourg du Nord. La Moldau se jette dans l'Elbe. Un bateau qui m'aurait pris au pont de Prague, m'aurait pu débarquer au Pont-Royal à Paris. Je ne suis pas l'ouvrage des siècles et des rois ; je n'ai ni le poids, ni la durée de l'obélisque que le Nil envoie maintenant à la Seine ; pour remorquer ma galère, la ceinture de la Vestale du Tibre suffirait. »

Plus loin, Chateaubriand imagine tous ces palais sous un ciel d'Italie :

« Dans les constructions qui composent Hradschin on voit des salles historiques, des musées que tapissent les portraits restaurés et les armes fourbies des Ducs et Rois de Bohême. Non loin des masses informes, se détache sur le ciel un joli bâtiment vêtu d'un des élégants portiques du quinque-cento : cette architecture a l'inconvénient d'être en désaccord avec le climat. Si l'on pouvait du moins pendant les hivers de Bohême, mettre ces palais italiens en serre chaude, avec les palmiers ? J'étais toujours préoccupé de l'idée du froid qu'ils devaient avoir la nuit. »

François-René de CHATEAUBRIAND
Mémoires d'outre-tombe, Livre IV

À la fin du siècle dernier le poète allemand Detlev Liliencron, accompagné de son ami Oskar Wiener, au cours d'une de leur promenade habituelle dans les petites rues de la Malá Strana et quelques tavernes, déclarait son amour pour cette ville qui le fascinait : Prague est plus belle que Palerme, ma ville préférée. Il est vrai qu'il avouait aussi à son ami n'être jamais allé en Sicile.

Dans son premier livre, Albert Camus – alors malade, sans le sou, parle des jours redoutables qu'il a passé à Prague au cours de l'été 1936. Et c'est en revenant en Vénétie qu'il repense avec sérénité à la Bohême. Quelle est sa préférence ? D'un côté Vicence berceau de l'architecte italien Palladio, maître du classicisme, de l'autre Prague et son catalogue de monuments baroques :

« Au reste, je reviens souvent à Prague et aux jours mortels que j'y vécus. J'ai retrouvé ma ville. Parfois, seulement, une odeur aigre de concombre et de vinaigre vient réveiller mon inquiétude. Il faut alors que je pense à Vicence. Mais les deux me sont chères et je sépare mal mon amour de la lumière et de la vie d'avec mon secret attachement pour l'expérience désespérée que j'ai voulu décrire. On l'a compris déjà, et moi, je ne veux pas me résoudre à choisir. »

Albert CAMUS
L'Envers et l'Endroit
Éditions Gallimard, 1958

Pour sa part, J. Prévost, considère que la lecture architecturale de la cité reste obscure. Il y trouve cependant incontestablement des cadences et des accents purement latins :

« Au premier abord cette ville surprend, attire, déconcerte ; l'esprit cherche une unité, et n'arrive pas d'abord à la découvrir, tant elle est complexe et traversée d'influences. Certes, ce n'est là rien de banal, et aux yeux des Français, Prague dès le premier abord montre plus de caractère que Vienne. [...]

Il semble que Prague soit passée sans transition du gothique au baroque, et voilà pourquoi sans doute les contrastes sont si vifs. Et autant ce gothique effilé vous rappelait le Nord, autant ce baroque vous rappellera l'Italie. »

Jean PRÉVOST
Souvenir de Prague in *La Revue Nouvelle*, n° 51-52, Octobre / Novembre 1929

Même lorsque, à Noël, Prague s'habille de gris ou se couvre de neige et de guirlandes, c'est encore Rome qui se projette au regard de Junia Letty lorsqu'elle dévisage la capitale de Bohême :

« Quoiqu'il arrive au soleil de se montrer à Prague, voire en hiver, et qu'en été il y brille souvent avec un faste oriental, Prague, plus encore que Paris, nous apparaît, dans le souvenir, toute de gris vêtue. Gris fauve de tuiles roussies, gris recuit des vieux murs, gris frais des îles de verdure que gonfle une sève ardente, gris cendré où luisent des pigeons qui tournoient sous le ciel, de plomb soudain, c'est comme à travers un voile de fine poussière, fumée du temps passé, que se plaît souvent à nous apparaître Prague la Dorée.

Malgré la densité de sa population, une impression d'espace se dégage, vue à vol d'oiseau, de cette vaste étendue surpeuplée mais que coupent encore au cœur de la ville de grands morceaux de nature. Et devant la colline de Letná et le rideau d'arbres qui voilent Malá Strana, c'est Rome plus qu'à aucune autre capitale que Prague nous fait songer. »

Junia LETTY
Eaux-Fortes in 9 *La Revue Française de Prague*, n° 31, Juillet 1927

Quelques années avant la disparition du bloc de l'Est, Dominique Fernandez est surpris par l'état misérable de l'architecture pragoise qui lui semble insupportable. Il voit là une nonchalance et un fatalisme propres aux Italiens du Sud :

« Les immeubles de Prague, du plus modeste au plus riche, menacent ruine. Violentée et spoliée, mais d'abord humiliée, Prague est une ville dolente qui nous montre ses blessures avec des soupirs d'affliction. Je commence à comprendre quel charme a opéré sur nous dès notre arrivée. Après l'Allemagne si propre, si léchée, si sûre d'elle-même, si fière de ses marks et de son bon droit, si arrogante, quel soulagement de nous retrouver dans un coin d'Italie du Sud. On se croirait à Naples. Oui, il doit y avoir chez les Tchèques – indépendamment des vicissitudes politiques que nous n'oublions pas un instant, la présence obsédante des policiers nous en empêcherait – une négligence, un goût de l'abandon, un penchant à la ruine que je ne puis qualifier que de napolitains. Ils laissent leur ville s'émietter. Résignation à la défaite, aveu de leur impuissance, volonté d'ajouter à la servitude politique un avilissement qu'ils pourraient s'épargner, masochisme de vaincus qui veulent plonger jusqu'au fond de leur misère ou choix poétique de l'inachevé, du décrépit, du déchu ? »

Dominique FERNANDEZ
Le Banquet des Anges
Librairie Plon, 1984

En avril 1998, Prague a ouvert ses portes pour une grande fête de la « Beat Generation » à laquelle était convié Lawrence Ferlinguetti l'une des figures emblématiques du mouvement. Au cours de la manifestation le poète californien se déclara charmé par la « cité vltavine » qui lui rappelle le pays transalpin : « Ma première impression était Rome, maintenant il me semble, sur le plan architectural de me trouver plutôt à Florence[11]*...*

À quelque cinq cents kilomètres de notre frontière, cette « Rome du Nord » a de quoi déboussoler le voyageur, dépaysement encore plus accentué par la langue et par ce décor baroque que l'on dirait fait pour le cinéma.

C'est ce qui semble un sentiment partagé de tout temps par les voyageurs au moment où ils débarquent sur le sol de Bohême.

CHAPITRE III

La découverte de Prague

En effet, l'étranger qui arrive à Prague pour la première fois est toujours un peu décontenancé par cette langue qu'il ne comprend pas ou cet alphabet qu'il n'arrive même pas à prononcer. Les premières impressions de ces voyageurs jetant un œil neuf sur la capitale sont évidemment fort différentes de celles des Praguois autochtones.

Un soir de printemps 1833, Chateaubriand arrive à Prague. Il est accompagné de son fidèle Baptiste. *L'homme n'a qu'une hâte, rejoindre au plus vite « son » roi*[12] *– il est chargé par la duchesse de Berry, belle fille de Charles X, d'une mission secrète et délicate. L'heure n'est donc pas au voyage d'agrément.*

Répondant au billet de M. le duc de Blacas[13]*, il monte précipitamment jusqu'au château. Bien peu préoccupé par le paysage pourtant, sur ces hauteurs de la ville au couchant, c'est l'ombre de l'histoire qu'il voit s'étendre sur la ville :*

« Entré à Prague à sept heures du soir, je descendis à l'Hôtel des Bains[14], dans la vieille ville, bâtie sur la rive gauche de la Moldau.

[...] à neuf heures et demie du soir, je me mis en marche ; un homme de l'auberge sachant quelques mots de français me conduisit. Je gravis des rues silencieuses, sombres, sans réverbères jusqu'au pied de la haute colline que couronne l'immense château des Rois de Bohême. L'édifice dessinait sa masse noire sur le ciel ; aucune lumière ne sortait de ses fenêtres : il y avait là quelque chose de la solitude, du site et de la grandeur du Vatican, ou du temple de Jérusalem vu de la vallée de Josaphat. On n'entendait que le retentissement de mes pas et de ceux de mon guide ; j'étais obligé de m'arrêter par intervalles sur les plates-formes des pavés échelonnés, tant la pente était rapide.

À mesure que je montais, je découvrais la ville au-dessous. Depuis Jean l'Aveugle, roi de Bohême, jusqu'à Charles X, roi de France, réfugié au foyer de ce roi, les enchaînements de l'histoire, le sort des hommes, la destruction des Empires, les desseins de la Providence, se présentaient à ma mémoire en s'identifiant aux souvenirs de ma propre destinée : après avoir exploré des ruines mortes, j'étais appelé au spectacle des ruines vivantes. »

François-René de CHATEAUBRIAND
Mémoires d'outre-tombe

Mais voici que, dix ans après, Consuelo – héroïne de George Sand, arrive également à Prague, en compagnie de Nicola Porpora, son maître de musique. Petite orpheline sans fortune, Consuelo, devenue cantatrice, obtient un succès considérable au San Felice de Venise. À la suite d'une déception sentimentale, elle se réfugie en Bohême où elle épousera un jeune aristocrate et deviendra la comtesse de Rudolstadt.

L'attelage fourbu s'engage sur le pont Charles :

« Le Porpora et Consuelo arrivèrent à Prague par un froid assez piquant, à la première heure de la nuit. La lune éclairait cette vieille cité, qui avait conservé dans son aspect le caractère religieux et guerrier de son histoire. Nos voyageurs y entrèrent par la porte appelée Rosthor, et, traversant la partie qui est sur la rive droite de la Moldaw, ils arrivèrent sans encombre jusqu'à la moitié du pont. Mais là, une forte secousse fut imprimée à la voiture, qui s'arrêta court.

Jésus Dieu ! cria le postillon, mon cheval qui s'abat devant la statue ! mauvais présage ! que saint Jean Nepomuk nous assiste !

Consuelo, voyant que le cheval de brancard était embarrassé dans les traits, et que le postillon en aurait pour quelque temps à la relever et à rajuster son harnais, dont plusieurs courroies s'étaient rompues dans la chute, proposa à son maître de mettre pied à terre, afin de se réchauffer par un peu de mouvement. Le maestro y ayant consenti, Consuelo s'approcha du parapet pour examiner le lieu où elle se trouvait. De cet endroit, les deux villes distinctes qui composent Prague, l'une appelée *la nouvelle*, qui fut bâtie par l'empereur Charles IV, en 1348 ; l'autre, qui remonte à la plus haute antiquité, toutes deux construites en amphithéâtre, semblaient deux noires montagnes de pierres d'où s'élançaient çà et là, sur les points culminants, les flèches élancées des antiques édifices et les sombres dentelures des fortifications. La Moldaw s'engouffrait obscure et rapide sous ce pont d'un style si sévère, théâtre de tant d'événements tragiques dans l'histoire de la Bohême ; et le reflet de la lune, en y traçant de pâles éclairs, blanchissait la tête de la statue révérée. Consuelo regarda cette figure du saint docteur, qui semblait contempler mélancoliquement les flots. »

George SAND
Consuelo – La Comtesse de Rudolstadt

C'est à la fin d'août 1848 que H. F. Amiel arrive à Prague ; deux mois après l'insurrection. C'est le mouvement de renaissance culturelle tchèque, soutenu entre autres par Šafařík[15] *qui fut à l'origine du soulèvement contre l'autorité de Vienne. L'écrivain arrive donc en Bohême dans une capitale sentant encore la poudre et occupée par une armée autrichienne qui, sous le commandement du feld-maréchal Windischgraetz venait de réprimer cruellement la population praguoise :*

« Les admirables rives de l'Elbe, que j'ai remontées jusqu'en Bohême, et la vieille Prague, la ville de Jean Huss et de Žižka[16], si souvent soulevée et récemment encore bombardée, couverte encore de cicatrices de boulets, avec ses monceaux de décombres près du vieux pont de pierre de Nepomuk, ses soldats campés sous des tentes, sur les hauteurs du Hradschin, clé de la ville, et à la porte du Nord dans une plaine, Prague avec ses clochers pittoresques, ses palais, ses souvenirs, son quartier de Juifs, ses légendes, et ses charmantes filles, quoique comparativement solitaire et muette, m'a vivement intéressé. J'ai fait la connaissance de deux des chefs du mouvement littéraire de Bohême, le mélancolique et studieux Šafařík (prononcer Chofargik), le jovial et ample bibliothécaire Hanka ; tous les autres sont députés à Vienne. »

Henri-Frédéric AMIEL
Lettre à Charles Heim (9/10 septembre 1848) in *Lettres de Jeunesse*

Armand, jeune architecte, est le héros du premier roman de Raymond Gérôme. Il arrive à Prague pour y puiser des idées neuves. Le festival de musique bat son plein, c'est le « Prazské Jaro » (Le Printemps de Prague). *Nous sommes en mai 1947 :*

« Son avion était vide ou presque. Les nuages étaient fort beaux. Puis ils devinrent tchèques et Armand vit Prague et les treize ponts sur la rivière.

La ville dorée était une cité grise et rousse, pointue de clochers et de tours. Par les vitres de la voiture qui le menait à son hôtel, Armand vit un nombre incroyable de statues. Elles levaient des yeux vides et désignaient le ciel. « *Elles savent d'où je viens* », se dit Armand. Il y vit un heureux présage.

Sur les façades et au-dessus des magasins, les mots accumulaient les consonnes. Armand s'arracha les yeux sans parvenir à les déchiffrer. Quelle pouvait bien être la prononciation d'un mot qui s'écrivait ZMRZLN ? En plus, ce qu'il entendait, proféré par les passants le long du taxi, était laid. Tout le monde semblait se racler la gorge. Armand renonça dès la première minute à comprendre ou à parler jamais le tchèque.

[...] Au pied de l'hôtel, sur la place Wenceslas, des tramways rouges passaient en sonnant et en faisant des étincelles. On entendait des fanfares, des carillons, et des drapeaux flottaient dans le vent : il y avait un festival de musique dans la ville. Les passants marchaient lentement et s'arrêtaient pour regarder les étrangers. Tout cela était joyeux et pauvre. »

Raymond GÉRÔME
Celui qui dormait dans Prague,
Éditions Ramsay, 1991

Apollinaire nous conte avec truculence l'histoire singulière de son Passant de Prague *qui lui aussi arrive dans la capitale. Il en profite pour révéler l'antagonisme ancestral du Praguois contre l'Allemand :*

« En mars 1902, je fus à Prague. [...] À la sortie de la gare François-Joseph, après avoir congédié les faquins, d'obséquiosité tout italienne, qui s'offraient en un allemand incompréhensible, je m'engageai dans de vieilles rues, afin de trouver un logis en rapport avec ma bourse de voyageur peu riche. Selon une habitude assez inconvenante, mais très commode quand on ne connaît rien d'une ville, je me renseignai auprès de plusieurs passants.

Pour mon étonnement, les cinq premiers ne comprenaient pas un mot d'allemand, mais seulement le tchèque. Le sixième, auquel je m'adressai, m'écouta, sourit, et me répondit en français :

– Parlez français, monsieur, nous détestons les Allemands bien plus que ne le font les Français. Nous les haïssons, ces gens qui veulent nous imposer leur langue, profitent de nos industries et de notre sol dont la fécondité produit tout, le vin, le charbon, les pierres fines et les métaux précieux, tout, sauf le sel. À Prague, on ne parle que le tchèque. Mais lorsque vous parlerez français, ceux qui sauront vous répondre le feront toujours avec joie.

Il m'indiqua un hôtel situé dans une rue dont le nom est orthographié de telle sorte qu'on le prononce *Porjitz,* et prit congé en m'assurant de sa sympathie pour la France.

Peu de jours auparavant, Paris avait fêté le centenaire de Victor Hugo. »

Guillaume Apollinaire
Le Passant de Prague

André Gide arrive à Prague au cours de l'été 1934. Quelques jours plus tard, il note ses impressions d'une Prague sous la pluie. Elle lui apparaît défigurée et triste à l'image de ce vendeur de journaux qui sanglote ... :

« 5 août – Ville très étrange ; enlaidie quelque peu par des apports inautochtones, une sorte de modernité américaine ou soviétique : enseignes, annonces. Après l'élégance et le luxe des magasins de Karlsbad, la laideur et la pauvreté des étalages surprend ; mais quelle abondance de librairies, et si bien fournies ! Admirable aspect de la ville, le premier jour, sous la pluie. Ville glorieuse, douloureuse et tragique ; largement étalée dans le temps et l'espace ; une sorte de véhémence mystique la mouvemente et la soulève.

Malgré le mauvais temps, l'animation du grand boulevard où est notre hôtel, la nuit. Attroupement muet autour d'un malheureux vendeur de journaux qui pleure, dans un renfoncement de mur, tournant le dos à la vie, le front dans le repli du bras levé, image du plus profond désespoir. – Cet autre qui fait lever une grille de métal pour rattraper un bout de cigarette encore allumé, qu'un passant vient de jeter. »

André GIDE
Journal (1889-1939)
Éditions Gallimard, 1951

CHAPITRE IV

Comprendre Prague

Le visage de Prague porte plusieurs masques, tous différents, qu'elle laissera apparaître selon les circonstances et en fonction des humeurs de ses habitants.

Pour Otokar Theer, qui fut l'un des signataires du manifeste de 1917, exhortant à soutenir la cause du peuple pour son indépendance vis-à-vis de l'Autriche-Hongrie, Prague représente la mère protectrice de l'âme tchèque, la beauté resplendissante d'une foi en une nation nouvelle, à la fois fière de son histoire et nostalgique de sa splendeur passée ; un étendard aux yeux du monde :

« [...] Et puis toi,
Prague, notre mère à tous,
cœur ardent battant pour tous,
bondissante et abattue, flambante et fumante,
toi,
où, comme vers une cible, convergent
chacun de nos éclats de rire, chacun de nos gémissements.
Facilement, son visage se contracte pour se moquer,
et facilement encore
elle se fait belle, s'orne de rubans,
et, heureuse, marche selon le rythme de la danse.
Puisse-t-elle rester ainsi,
fraîche et odorante,

toujours rajeunie d'un sang nouveau, aspirant au sublime,
Prête à des sacrifices ;
puisse-t-elle rester ainsi,
pour le passé qui erre sous les arcades,
pour l'avenir qui se trame au-dessus de ses clochers !
Vous, forces mystérieuses, forces quadruples,
vous êtes ma Bohême à moi,
quatre portes par lesquelles on entre
chez le peuple élu,
quatre visages empourprés par une quadruple volonté passionnée :
tenir bon, vivre et croître
sur son propre sol ! »

Otokar THEER
Ma Bohême (1917) in *Hanuš Jelínek, Histoire de la Littérature Tchèque.*

Heda Kovály nous apporte un témoignage émouvant de la capitale qu'elle redécouvre après s'être évadée d'un camp de concentration où elle avait été déportée en 1941. En ce printemps 1948, elle rejoint la vie en retrouvant les couleurs, les odeurs, la « musique » de la nature et la chaleur des Praguois :

« Et le printemps à Prague... Prague au printemps est inoubliable. Les forsythias sur la terrasse de Letná. Les collines en fleurs de Strahov. Les marronniers de Zofin. Les mouettes sur le pont Jirásek. Prague est unique au monde. Non seulement à cause de ses façades, de ses tours et de ses ponts : sur les flancs des collines, en bordure du fleuve, les pierres surgissent dans un ordre si harmonieux qu'elles semblent avoir été créées par la nature en même temps que les arbres et les fleurs. Mais Prague se distingue surtout des autres villes par la qualité des relations qui se sont tissées entre elle et ses habitants. Prague ne se contente pas de déployer ses splendeurs, Prague n'est pas une scène impassible devant le bonheur comme devant la souffrance. Elle vit de la vie de ses habitants, et les Pragois le lui rendent en l'aimant avec une tendresse qu'on réserve en général aux humains. Prague n'a rien d'un amoncellement de bâtisses où les hommes naissent, travaillent et meurent. Elle est vivante, triste, courageuse, et quand elle sourit avec le printemps, son sourire étincelle comme une larme. »

Heda MARGOLIUS KOVÁLY
Le Premier Printemps de Prague. Souvenirs 1941-1968
Traduction d'Isabelle Chapman
Éditions Payot, 1991

La poésie c'est encore l'âme de Prague. Cette ville a engendré nombre de grands poètes et, à travers les siècles, elle en a attiré d'autres, venus de toute l'Europe.

Ville du mouvement « poètiste » initié par Teige et Nezval, elle fut également la ville chérie des surréalistes tels que Breton, Apollinaire ou Soupault auquel Nezval a dédié quelques vers :

« Je désire une hirondelle plus grande
que l'océan
Qui sur son aile apporterait ma table
Couverte pour trois
Jusque vers le Sud où miroitent de menues oasis

À la musique alternative du quintette des races.
Mais ma lampe effleure les marches de la prison
Un seul papillon de nuit
Encerclant cette lampe
C'est nous au siècle futur.
Cher Soupault,
En vous regardant, je perds mes majuscules
Dans un îlot où la saison bat son plein
Énergie aromatique – vos longs doigts touchent le clavier
Dont la suite est la mort.
Une dame sous le Hradschin vers le soir
Respirera l'odeur de la rose que vous avez laissé tomber
En partance pour diverses Naples.
Je traduirai de toutes les langues
Que je ne connais point
Mais savez-vous donc comme elles sont belles
Les après-midi brillantes sur les terrasses
Vues à travers la nuit.
Dites à Guillaume Apollinaire
Que dans les agates de Saint-Vit vous avez vu une toile d'araignée
Elle couvre notre petite éternité
Sur laquelle au début du siècle son souffle a passé. »

Vítězslav NEZVAL
« Poème Pour Philippe Soupault », (Trad. Jiří Voskovec)
In *La Revue Française de Prague,* N° 31, Juillet 1927

Mais il manque à cet « esprit » tchèque un élément essentiel : c'est l'humour praguois. Et qui peut mieux représenter cet humour que ce « brave soldat Chvéïk », né de la facétieuse imagination de son créateur : J. Hašek. Le brave soldat est un sujet de sa majesté l'empereur d'Autriche[17]*, il assume avec beaucoup de bonne volonté la fonction d'ordonnance auprès de l'officier Lucas auquel il s'adresse le plus souvent avec cette phrase : « Je vous déclare avec obéissance, mon lieutenant... » Ce brave soldat triomphe de toutes les difficultés de la vie grâce à son optimisme impérissable et une naïveté à toute épreuve. Il personnifie l'esprit de résistance passive. Son arme, c'est son excès de zèle : en obéissant strictement à la lettre à tous les ordres, il rend impuissante toute la machine administrative jusqu'à l'absurde...*

Nous rejoignons Chvéïk au moment où il est condamné à se faire examiner par une commission médicale qui doit statuer pour savoir s'il est vraiment débile mental ou s'il agit au contraire en simulateur. Il témoigne devant ses compagnons pour leur expliquer que la vie d'aliéné, c'est vraiment le paradis. Mais laissons-le, nous raconter son séjour à l'asile :

« Sérieusement, je ne comprendrai jamais pourquoi les fous se fâchent d'être si bien placés. C'est une maison où on peut se promener tout nu, hurler comme un chacal, être furieux à discrétion et mordre autant qu'on veut et tout ce qu'on veut. Si on osait se conduire comme ça dans la rue, tout le monde serait affolé, mais, là-bas, rien de plus naturel. Il y a là-dedans une telle liberté que les socialistes n'ont jamais osé rêver rien d'aussi beau.

On peut s'y faire passer pour le Bon Dieu, pour la Sainte Vierge, pour le pape ou pour le roi d'Angleterre, ou bien pour un empereur quelconque ou encore pour saint Wenceslas. Tout de même, le type qui la faisait à la saint Wenceslas traînait tout le temps, nu et gigotant, au cabanon. Il y avait là aussi un type qui criait tout le temps qu'il était archevêque, mais celui-là ne faisait que bouffer et, sauf votre respect, encore quelque chose, vous savez bien à quoi ça peut rimer, et tout ça sans se gêner. Il y en avait un autre qui se faisait passer pour saint Cyrille et saint Méthode à la fois, pour avoir droit à deux portions à chaque repas. Un autre monsieur prétendait être enceint, et il invitait tout le monde à venir au baptême. Parmi les gens enfermés il y avait beaucoup de joueurs d'échecs, des politiciens, des pêcheurs à la ligne et des scouts, des philatélistes, des photographes et des peintres. Un autre client s'y est fait mettre à cause de vieux pots qu'il voulait appeler urnes funéraires. Il y avait aussi un type qui ne quittait pas sa camisole de force qu'on lui passait pour l'empêcher de calculer la fin du monde.

[...] Tout le monde était libre de dire ce qu'il avait envie de dire, tout ce qui lui passait par la tête. On se serait cru au parlement. [...] Le fou le plus dangereux que j'aie connu, c'était un type qui se faisait passer pour le volume XVI du Dictionnaire Otto. Celui-là priait ses copains de l'ouvrir et de chercher ce que le dictionnaire disait au mot *Ouvrière en cartonnage*, sans quoi il serait perdu. Et il n'y avait que la camisole de force qui le mettait à l'aise. Alors, il était content et disait que ce n'était pas trop tôt pour être mis enfin sous presse, et il exigeait une reliure moderne. »

Jaroslav HAŠEK
Le Brave Soldat Chvéïk

CHAPITRE V

SOUS LE PONT CHARLES, COULE LA VLTAVA

Pour un Praguois le pont Charles – Karlův Most – c'est le cœur palpitant de la cité. Construit au milieu du XIVe siècle par l'empereur Charles IV, il remplaça le vieux pont Judith – en bois, emporté par les flots quelques années auparavant. Il prit alors le nom de « pont de pierre » puis au siècle dernier celui de « pont Charles ». Le pont, exclusivement piétonnier, de 500 mètres de long et dix de large, soutenu par 16 piliers de grès, constitue certainement le monument le plus visité et le plus utilisé tant par les touristes que par les habitants. Il n'est pas rare d'y rencontrer une foule compacte aux premiers rayons de soleil. Continuité territoriale entre la Malá Strana et le Nové Město, le pont Charles constitue le passage obligé entre les deux rives du fleuve.

Dans son roman historique et fantastique, Leo Perutz nous dépeint le climat de la vie praguoise rodolphienne. L'auteur nous raconte l'histoire – imaginaire ou réelle ? – d'une aventure sentimentale entre l'empereur Rodolphe II et la femme du grand rabbin Meisl, symbolisée par une rose rouge et une fleur de romarin. Ils se retrouvaient sous le pont de pierre qui à cette époque ne soutenait aucune statue. C'est pour punir ses amours coupables, que le ciel répandra une épidémie de peste sur la capitale bohémienne :

« Comme tu embaumes ! Dit l'empereur. Ton parfum ressemble à celui d'une petite fleur tendre dont je ne connais pas le nom.

– Et toi, murmura-t-elle, quand je suis avec toi, il me semble que je traverse une roseraie.

Il se turent tous deux. Les ondes du fleuve passaient en un murmure. Il y eut un souffle de vent, et le romarin et la rose se retrouvèrent dans un baiser.

[...] Là, sous le pont de pierre, se trouvait un rosier qui portait une rose rouge, et dans la terre, près de lui, poussait un romarin, et ils étaient si étroitement enlacés que les pétales de la rose touchaient la fleur blanche du romarin. Le grand rabbin se baissa et déterra le romarin. Il leva la malédiction qui pesait sur la tête de la femme adultère.

Des nuages noirs traversaient le ciel, la lumière pâle de la lune s'accrochait aux piles et aux arches du pont de Pierre. Le grand rabbin s'approcha de la berge et jeta le romarin dans la rivière. Il fut entraîné par les eaux et se perdit dans le murmure des profondeurs. »

Leo PERUTZ
La Nuit sous le pont de Pierre
Traduction de Jean-Claude Capèle
Librairie Arthème Fayard, 1987

Rilke fut un temps secrétaire particulier d'Auguste Rodin[18]. *Lors de sa venue à Prague, il l'avait amené voir ce qui lui semblait être la composition la plus remarquable de la ville, mais le maître n'apprécia pas cet assemblage hétérogène de gothique et de baroque.*

Ripellino en revanche paraît complètement séduit par cet ensemble, car pour lui : « Les statues baroques sont des accents spatiaux, des signaux rythmiques dans le panorama de la cité vltavine. Le passant de Prague est impliqué dans leurs marchés et leurs jaseries. Et si l'une d'elles était soudain prise d'une envie de s'envoler ? »

Laissons-le nous maintenant nous guider le long du pont :

« Cette enfilade de pierre qui pour un voyageur étranger ressemble à une double file de mousquetaires, est aussi une prestigieuse revue vestimentaire : dalmatique, mitres, barrettes, crosses, chasubles, chapes, draperies flottantes, cascades de plis, soutanes pareilles à des flots en furie. À ce répertoire ornemental vient s'ajouter un arsenal d'objets : croix, évangiles, chaînes, rosaires, auréoles attachées à l'occiput avec un filament de barbe à papa, les livres et le calme de saint Thomas, les vases de saint Antoine de Padoue, le code de saint Yves, la massue de saint Jude Thadée, les fioles d'onguent des médecins Côme et Damien. »

Ces barons célestes ont également un zoo, mais le pont est surtout un étalage de chérubins. Un ange porte un panier de pain, un autre veut transvaser la mer à l'aide d'une coquille, un troisième tient une cruche, d'autres présentent les emblèmes, les cartouches et les attributs de divers patrons. L'un s'agrippe à la roche, l'autre tournoie dans l'air comme une fleur ailée. Dans le groupe de saint Gaétan, des têtes d'angelots sont suspendues, au milieu de touffes de nuages de pierre, à un obélisque qui culmine en forme de gros cœur. Même les gloires locales y sont nombreuses, ce cirque témoigne de l'exotisme cher au baroque. »

Angelo RIPELLINO
Praga Magica
Traduction de Jacques Michault-Paternò
Librairie Plon, 1993

Tereza est jalouse et Tomas, son compagnon, lui donne certainement bien des raisons de l'être, jusqu'au cauchemar... Un matin, elle se réveille seule dans son lit. C'est au bord de la Vltava que l'héroïne de Kundera va chercher un apaisement. Elle aperçoit alors, flottant au fil de l'eau, des bancs de bois colorés ; et elle les connaît bien. Ce sont les mêmes que ceux du petit square où elle avait l'habitude de se retrouver souvent avec Tomas quelques années plus tôt. Ces bancs qui partent à la dérive, emportent-ils aussi son amour qu'elle croit perdu ?

« Elle se réveilla et constata qu'elle était seule à la maison.

Elle sortit et prit vers les quais. Elle voulait voir la Vltava. Elle voulait s'arrêter sur la berge et longuement regarder l'eau, car la vue de l'eau courante apaise et guérit. Le fleuve coule de siècle en siècle et les histoires des hommes ont lieu sur la rive. Elles ont lieu pour être oubliées demain et que le fleuve n'en finisse pas de couler.

Appuyée contre le parapet, elle regardait en bas. C'était la banlieue de Prague, La Vltava avait déjà traversé la ville, laissant derrière elle la splendeur du Hradschin et des églises, semblable à une actrice après la représentation, lasse et pensive. Le flot coulait entre des rives sales clôturées de palissades et de murs derrière lesquels il y avait des usines et des terrains de jeu abandonnés.

Elle regarda longtemps l'eau qui paraissait ici encore plus triste, encore plus sombre ; puis, elle aperçut tout à coup au milieu du fleuve un objet étrange, un objet rouge, oui, un banc. Un banc de bois aux pieds métalliques comme il y en avait tant dans les jardins publics de Prague. Il flottait lentement au milieu de la Vltava. Et derrière venait un autre banc. Puis un autre, puis un autre encore, et Tereza comprit enfin qu'elle voyait les bancs des jardins publics de Prague sortir de la ville au fil du courant, il y en avait beaucoup, il y en avait de plus en plus, ils flottaient sur l'eau comme les feuilles dans l'automne quand l'eau les emporte loin des forêts, il y en avait des rouges, il y en avait des jaunes, il y en avait des bleus. »

Milan KUNDERA
L'insoutenable légèreté de l'être
Traduction de François Kérel
Éditions Gallimard, 1984

Le pont et le fleuve ont également été des sources d'inspiration puissantes pour les poètes praguois ou étrangers. Ainsi Martin Razus[19] *nous parle d'une Prague dorée aux premières lueurs d'une aube d'hiver :*

« On la voit jusque d'ici, même dans les nuits sans étoiles,
on la voit si clair, si nettement – voyez-vous
la ville lointaine et séculaire, la ville d'or ?
Elle se mire dans le fleuve, contente de sa puissance
et de sa volonté de vivre librement, en triomphe,
et sa cathédrale s'élance vers le ciel, au-dessus du château.
On la voit jusque d'ici, où il fait si sombre
au pied des montagnes où flambe le feu de garde,
dont je nourris la flamme par l'aide de l'Amour.
Le froid est pénétrant – (est-ce l'approche de l'aurore ?)
Mais on aperçoit la ville, oh oui, on entend la voix des cloches
que le vent apporte dans mon pays meurtri.
Cette voix meut partout où elle pénètre ; mais dans cette nuit hurlante

dans cette nuit sans vie, il n'y a plus d'ennemi, plus de haine, /
plus personne qui ose lancer un anathème.
Ô ville pleine de beauté... ô tours... ô fleuve... ô ponts !

Martin RAZUS
Paix et Orage In : Michaël SCHIBANEL, *Prague*

Vladimir Holan, « le grand enchanteur d'ombres et de larves »[20] *qui habitait en voisin l'île de Kampa rejoint Kafka dans sa perception de l'impossibilité de se soustraire à la capitale :*

« En titubant la nuit sur le pont Charles
tu t'agenouillais devant chacune des statues
qui conduisent le passant vers la place de Malá Strana.
Mais, devant la tour au bout du pont, tu changeas de côté
et commenças à t'agenouiller devant les statues menant le passant
vers les Chevaliers de la Croix,
pour finalement te retrouver dans la taverne
d'où tu étais parti à peine une heure plus tôt. »
Même à une autre époque tu ne pourrais faire autrement...

Vladimír HOLAN
Il n'y a pas où fuir in *Prague*
Traduction Petr de Král
Éditions Autrement, 1990

Enfin, Brecht s'est inspiré du fleuve praguois – qu'il nomme de son nom allemand, pour composer une chanson. Écoutons l'auteur de L'Opéra de Quat' Sous *:*

« Les eaux de la Moldau emportent même les pierres.
Prague a vu trois empereurs portés en terre.
Les grands passent et cèdent la place aux moins grands.
Si longue que soit la nuit, au bout c'est le jour comme avant. Tout n'est que changement ; les princes qui gouvernent
Ont beau dresser des plans, leur triomphe a un terme ;
Ils ont beau parader comme des coqs sanglants,
Rien ne peut les sauver, tout n'est que changement [...]. »

Bertold BRECHT
La chanson de la Moldau in *Poèmes,* tome 6.
Traduction d'André Gisselbrecht & Joël Lefebvre
L'Arche Éditeur, 1967

CHAPITRE VI

LES QUARTIERS DE PRAGUE : LA MALÁ STRANA

La Malá Strana où « Petit Côté », par opposition à la « Vieille Ville », sur l'autre rive de la Vltava, édifiée à partir du XIIIe siècle sous le règne d'Ottokar II Přemysl a été préservée des reconstructions à partir de la Contre-Réforme, elle constitue un ensemble architectonique incomparable. C'est comme si l'horloge du baroque s'était assoupie ici ...

Angelo Ripellino tente de nous faire pénétrer dans l'intimité de ces lieux :

« Bien que le château soit tourné vers Malá Strana située à ses pieds, Malá Strana n'a pas l'air de regarder le château, et du reste ne regarde même pas le fleuve. Ses architectures garnies de belvédères, d'attiques, de tours, de mansardes, de cheminées, sont plongées dans le sommeil, repliées sur elles-mêmes, rébarbatives comme des coffres-forts, et ses ruelles ressemblent à des espaces secrets, à des réduits, à des couloirs mystérieux : ce qui accroît encore le détachement de ce quartier étranger à la fermentation de la vie, sa cyclothymie, sa solitude. »

Angelo RIPELLINO
Praga Magica
Traduction de Jacques Michault-Paternó
Librairie Plon, 1993

Dominique Fernandez tente de nous faire percevoir tout l'enchantement qui se dégage de ce quartier pittoresque :

« Charme inépuisable de la Malá Strana, accrochée au flanc du château. Grand comme un arrondissement de Paris, c'est un quartier entièrement baroque. Ni à Rome ni à Munich ni à Vienne on ne trouve un style aussi uni, un ensemble aussi harmonieux. Non seulement les façades, les églises, les palais sont baroques, mais l'espace lui-même, l'aménagement des rues, dont on a utilisé les pentes pour créer des effets de surprise comme dans un théâtre d'illusions. Je note, sans la comprendre encore, une autre différence avec les villes italiennes ou allemandes : rien de triomphal, rien d'orgueilleux ici. Est-ce seulement à cause de l'effritement, de l'usure, dont aucune de ces nobles constructions n'est indemne ? »

Dominique FERNANDEZ
Le Banquet des Anges
Librairie Plon, 1984

À son tour Bruce Chatwin nous présente à travers son roman, les principaux centres d'intérêt du quartier. Son héros Utz musarde, en compagnie du narrateur :

« Utz et moi passâmes le reste de l'après-midi à déambuler dans les rues presque désertes de la Malá Strana, nous arrêtant de temps à autre pour admirer la façade boursouflée d'une maison de marchand, quelque palais baroque ou rococo – le Vrtba, le Pálffy, le Lobkovic : il énonçait leurs noms comme si les architectes avaient été ses amis intimes.

Dans l'église de Notre-Dame-de-la-Victoire, l'image espagnole de cire du Christ Enfant, auréolée d'une explosion d'or, paraissait moins l'Enfant Béni de Bethléem que la divinité vengeresse de la Contre-Réforme.

Nous remontâmes toute la rue Neruda et fîmes le tour du Hradschin. [...] Nous nous assîmes ensuite dans un verger en contrebas du couvent de Strahov. Un homme en caleçon prenait un bain de soleil sur l'herbe. Le duvet des peupliers baumiers flottait ici et là et collait à nos vêtements comme des flocons de neige. »

Bruce CHATWIN
Utz
Éditions Grasset, 1989

Amorçant la rue Mostecká, on se trouve devant une imposante église romane mais l'intérieur est résolument baroque. C'est Notre-Dame-de-la-Chaîne. Elle tire son nom d'une lourde chaîne qui contrôlait autrefois l'accès au pont. Traditionnellement, c'est l'église de prédilection de la communauté française de Prague[21].

Tournant maintenant le dos au fleuve, sur Karmelitská, c'est l'église Notre-Dame-de-la-Victoire, connue de tous les Hispaniques grâce à la présence du Petit Jésus de Prague *; statuette en cire réputée pour accomplir des miracles. Tout à côté se cache peut-être le plus secret des jardins de Prague, le jardin Vrtba*[22] *avec son superbe point-de-vue sur Malá Strana.*

Dominique Fernandez nous fait part de ses impressions la première fois où il le découvrit :

« On traverse une cour, une autre cour, on rencontre un atlas portant sur ses épaules la boule de l'univers. Quoi, faut-il poursuivre ? Ce petit escalier, cette passerelle devraient nous conduire dans un jardin ? Et puis, soudain, l'émerveillement :

une sorte de théâtre en plein air, creusé au flanc de la colline, étagé en terrasses arrondies, orné de statues qui ont grande allure, terminé en haut par un mur concave dont la rocaille disparaît sous les herbes. Impossible de rendre la magie d'un tel lieu, ce fouillis mélancolique de kiosques engloutis sous les branches, d'urnes moussues, de figures de pierre mangées par la poussière, de massifs d'aubépines laissés à l'abandon. Étranges Statues, tourmentées mais fières, rebelles à la pâmoison : le jardin à leurs pieds glisse doucement à l'oubli, mais elles semblent concentrer leurs forces en vue du jour où reprendra la lutte. »

Dominique FERNANDEZ
Le Banquet des Anges
Librairie Plon, 1984

Il faut remonter sur la droite la Letenská pour découvrir le magnifique palais édifié par Wallenstein[23] *au XVII*^e *siècle Ripellino nous présente ce personnage sous un jour peu favorable :*

« Le généralissime Albrecht Václav Eusebius Waldštejn (Wallenstein), machiavéliste plein de fantaisie, n'hésita pas à raser vingt-six maisons, trois jardins et une briqueterie pour édifier entre 1623 et 1630 au cœur de Malá Strana son luxueux palais à deux étages avec cinq cours et jardin, masse pesante, mastodontesque machine qui aligne sur la façade une suite assommante de fenêtres symétriques et sur le toit le regard renfrogné de dizaines de lucarnes. Waldštejn, *amiral de la mer Atlantique et de la mer Baltique*, ne supportait pas les bruits, et même le pépiement d'un moineau le dérangeait. Bien qu'accoutumé au fracas des batailles, il prétendait jouir, dans le vide de son énorme palais, d'un silence à ce point rigoureux que les officiers de sa suite craignaient d'ouvrir la bouche. »

Angelo RIPELLINO
Praga Magica
Traduction de Jacques Michault-Paternó
Librairie Plon, 1993

Juste à l'arrière du palais Wallenstein, se trouve un magnifique ensemble de verdure. Ce sont les jardins Na Valech composés de trois espaces en gradins sous les murs du château : Les jardins Furstemberg, Ledeburg et Kolowrat Černin[24].

Hrabal se souvient du temps où il faisait l'ouvreur, aux beaux jours, sur les terrasses Ledeburg, quand les jardins s'ouvrent aux manifestations culturelles :

« Il faut que je vous dise qu'avant-hier j'ai fait « l'ouvreur » aux terrasses du palais Ledeburk, on y donnait cette tragédie où le Maure Othello finit par trucider sa femme au lit. Dans le public, il n'y avait pas seulement ceux qui avaient payé, mais des gens qui n'avaient pas payé et qui regardaient aux fenêtres de leurs maisons, je me suis déplacé en personne pour leur vendre au moins des places debout, mais ils ont bouclé la porte de l'immeuble, alors je suis allé chercher une échelle, mais en enjambant le mur de la cour, je suis tombé par terre, sur mes mains, j'ai failli me démettre les poignets et tout à coup je vois que la porte est ouverte, je reviens vers mon échelle et voilà encore que quelqu'un claque la porte et que j'entends la serrure qu'on ferme à double tour. Moi, je cogne sur la porte parce que toute ma liasse de billets était tombée dans l'entrée, pas moyen de les ravoir et, pour qu'on ne se moque pas de moi, j'ai payé les cinquante places debout et j'ai été félicité par la direction. Mais à la fin de la pièce, lorsque le noble Maure étrangle sa femme Desdémone, au premier étage de cette maison, des locataires se sont mis eux aussi à s'entr'étrangler, ils se sont étranglés tant et si bien qu'une bonne femme est tombée de la fenêtre juste au moment où le Maure en finissait avec Desdémone et les spectateurs se sont levés, ils croyaient avoir une vision, je n'arrivais pas à les calmer... ensuite, en vertu de mes pouvoirs officiels, je suis monté sur l'échelle, je me suis penché dans la cour et, en ouvreur qui se respecte, j'ai fait : *Chut...* Mais la bonne femme était étendue à terre, les jambes brisées, elle chialait et moi je regardais cette courette et de l'autre côté je voyais les terrasses du palais Ledeburk, je n'en avais rien à faire de cette femme brisée, du point de vue du maître de cérémonies une seule chose comptait : que la tragédie fût jouée jusqu'au bout. C'est après seulement que je suis redescendu, au milieu des applaudissements, celui qui avait joué Othello était baigné de larmes, il s'est relevé comme un mort qui ressuscite pour saluer le public, et nous sommes allés dans la cour enfourner cette femme brisée dans une ambulance. »

Bohumil HRABAL
Vends maison où je ne veux plus vivre
Traduction de Claudia Ancelot
Éditions Robert Laffont, 1989

Redescendant vers la rue Nerudova on découvre les belles demeures, les palais, les porches et les enseignes prestigieuses qui se succèdent à l'envie. Ces enseignes, dont chacune mériterait une description et une photo, ont été créées pour suppléer, de si belle manière, nos plaques émaillées et numérotées. Il y a donc autant à voir la tête levée. La plupart des enseignes au graphisme sibyllin, tirent leur nom de légendes anciennes, du bestiaire du « Grand œuvre » ésotérique, nous rappelant sans cesse que Prague demeura longtemps la capitale des alchimistes.

Neruda fut un observateur attentif de Malá Strana ; il nous rapporte ici, une tranche de la vie de son quartier à la fin, au siècle dernier :

« L'épicier Josef Velsch était l'un des commerçants les plus cossus de Malá Strana. Je crois qu'on trouvait dans sa boutique de tout ce que produisent les Indes et l'Afrique, depuis le bois de réglisse et le noir d'ivoire jusqu'à la poudre d'or. Aussi sa boutique, située sur la place, ne désemplissait-elle pas de toute la journée. M. Velsch ne la quittait jamais, sauf le dimanche, pour assister à la messe solennelle qui se célébrait à la cathédrale Saint-Guy, et aux grandes revues de la garde nationale de Prague. M. Josef Velsch était voltigeur dans la première compagnie, première demi-section ; il occupait toujours le troisième rang après le lieutenant Nedoma. Dans sa boutique, il servait volontiers les clients lui-même, bien qu'il eût deux commis et deux apprentis ; quand il ne servait pas lui-même, il saluait en faisant une révérence et souriait. D'ailleurs, toujours et partout, M. Velsch souriait, et son sourire engageant s'était comme gravé dans les muscles de son visage. C'était un homme courtaud dont la tête était toujours en mouvement. Dans sa boutique, il portait une casquette et un tablier de cuir ; dans la rue, on le voyait avec une redingote à longues basques, de couleur bleue, avec des boutons dorés, et un chapeau haut de forme évasée. »

Jan NERUDA
La Sensible Madame Rusova in Jules CHOPIN, *Veillées de Bohême*

Redescendons la rue italienne (Vlašská Ulice). C'est ici qu'au XVIe siècle se sont installés les artisans et les artistes employés à la construction du château. On observera au passage l'un des joyaux du baroque praguois : le palais Lobkowicz que l'on ne peut malheureusement visiter[25]*. Tout au bout de cette rue, c'est la colline de Petřín que certains Praguois appelle encore « Mont de Pierre ». C'est un espace de verdure vallonné. Du haut des collines, le panorama sur toute la ville de Prague est exceptionnel. On peut également y accéder par un funiculaire.*

Revenu au pied de la colline nous découvrons la Résidence Kinský[26]*, et son parc devant lequel, paraît-il, aimaient se retrouver les gentilshommes pour régler leurs différends, après avoir jeté le gant.*

Dans un de ses « romanetto[27] *», J. Arbès nous décrit le parc Kinský à la fin du siècle dernier. Le héros, un prestidigitateur, mort à la guerre, reparaît une nuit à Prague grâce à la greffe du cerveau de Newton récupéré dans un musée. Il se rend au palais Kinský où il est invité :*

« De temps en temps un coup de vent presque glacé soufflait du nord. Comme il me soufflait dans la figure, il m'obligea à si bien presser le pas qu'un quart d'heure après j'étais à la grille d'entrée du jardin Kinský.

[...] La fraîcheur des nuits d'automne avait déjà marqué dans ce beau parc la trace de ses forces destructives.

Les feuilles étaient toutes jaunes ; par endroits même elles étaient tombées et les arbres élevaient vers le ciel des branches dénudées. Les troncs, les rameaux et les feuilles jaunies faisaient, sous les pâles rayons de la lune, de merveilleux effets de lumière.

Le silence de la nuit n'était troublé, par moments, que par le vent glacial du nord qui détachait des arbres des feuilles mortes ou, soulevant celles qui gisaient sur le sol humide, les emportaient un peu plus loin et, comme épuisé, allait se perdre dans les prochains massifs.

J'arrivai bientôt au rond-point d'où, en 1866, on jouissait d'une belle vue sur la partie sud de Prague. Une légère brume enveloppait la ville plongée dans le calme mystérieux des nuits d'automne. Le ciel était sombre, parcouru de légers nuages gris que le vent chassait vers le sud. De temps en temps, un de ces nuages voilant la lune, l'ombre s'étendait sur Prague pour se dissiper rapidement, comme avide d'aller se perdre dans l'oubli.

Je m'arrêtai à contempler le merveilleux spectacle qui s'offrait à ma vue. »

Jakub ARBES
« Le Cerveau de Newton » in Jules CHOPIN, *Veillées de Bohême*

CHAPITRE VII

Les quartiers de Prague : le Hradčany[28]

Des hauteurs du Hradčany, le château – « Hrad », symbole de l'autorité, domine et veille sur la capitale tel une vigie, et le ciel porte sur lui, l'ombre des siècles passés. Il semble ici que l'histoire pèse sur chaque monument, et que chaque pierre s'empreint des illustres personnages qui se sont croisés en ces lieux.

Le quartier du Hradčany comprend notamment, outre le Château-Royal et ses jardins : la cathédrale Saint-Guy dont la construction de la partie gothique fut entamée par l'Avignonnais Mathieu d'Arras (1344) ; le musée de la Galerie Nationale ; quelques magnifiques palais – archiépiscopal, Toscan, Martinic, Cernin, Schwarzenberg ou Lobkowicz. À l'ouest, sur les collines, se trouve également l'église Notre-Dame-de-Lorette et le couvent de Strahov.

Dans le récit imaginé par Apollinaire, « Le Passant de Prague », le narrateur arrive pour la première fois à Prague. Il n'y connaît personne. Il rencontre alors un vieil homme sexagénaire habillé « d'un long manteau marron au col de loutre, d'un pantalon de drap noir » *et* « d'un large chapeau de feutre noir ». *Il réalise qu'il vient de rencontrer Isaac Laquedem,* Le Juif Errant *condamné par Jésus à marcher jusqu'à son retour :*

« Nous passâmes la Moldau sur la Carlsbrüke[29], pont d'où saint Jean Népomucène, martyr du secret de la Confession, fut jeté dans la rivière. De ce pont orné de statues pieuses, on a le spectacle magnifique de la Moldau et de toute la ville de Prague avec ses églises et ses couvents.

[...] Nous visitâmes le château royal du Hradschin, aux salles majestueuses et désolées, puis la cathédrale, où sont les tombes royales et la châsse d'argent de saint Népomucène. Dans la chapelle, où l'on couronnait les rois de Bohême, et où le saint roi Wenceslas subit le martyre, Laquedem me fit remarquer que les murailles étaient de gemmes : agates et améthystes. Il m'indiqua une améthyste :

– Voyez, au centre, les veinures dessinent une face aux yeux flamboyants et fous. On prétend que c'est le masque de Napoléon.

– C'est mon visage, m'écriais-je, avec mes yeux sombres et jaloux !

Et c'est vrai. Il est là, mon portrait douloureux, près de la porte de bronze où pend l'anneau que tenait saint Wenceslas quand il fut massacré. Nous dûmes sortir. J'étais pâle et malheureux de m'être vu fou, moi qui crains tant de le devenir. »

Guillaume APOLLINAIRE
Le Passant de Prague

Plus tard, dans ces vers célèbres, cette vision hallucinatoire le rappelle :

« [...] Épouvanté tu te vois dessiné dans les agates de Saint-Vit[30]
Tu étais triste à mourir le jour où tu t'y vis
Tu ressembles au Lazare affolé par le jour
Les aiguilles de l'horloge du quartier juif vont à rebours

Et tu recules aussi dans ta vie lentement
En montant au Hradschin et le soir en écoutant
Dans les tavernes chanter des chansons tchèques. »

Guillaume APOLLINAIRE
Zone in *Alcools*

C'est généralement par Hradčandké náměsti[31] *que l'on accède au château et à la cathédrale. Les* Histoires Pragoises *de Rilke nous apportent quelques superbes descriptions de la capitale. Ainsi :*

« La place du Palais-Royal à Prague a, malgré l'avenue misérable qui la traverse, assez fière allure. C'est qu'elle est entourée de palais. La large façade du vieux palais-royal avec sa grande cour d'honneur blanche, derrière les grilles baroques de laquelle le factionnaire va et vient, infatigable comme un pendule, est la plus puissante. Le château de famille des princes Schwarzenberg et un autre édifice un peu ennuyeux se présentent de l'autre côté comme en une perpétuelle révérence, et à la droite du château, le palais de l'archevêque, fraîchement repeint, veille dans une attitude un peu prétentieuse sur les modestes demeures des prélats et des chanoines qui s'approchent timidement de leur puissant patron. D'un côté seulement du château, là où débouchent l'escalier et le raidillon de la rue de l'Éperon, une lacune subsiste en son fond ; on aperçoit, resserré entre la montagne de Saint-Laurent et le Belvédère, en un magnifique panorama, Prague, ce riche, ce gigantesque poème épique de l'architecture. »

Rainer Maria RILKE
Le Roi Bohusch in *Histoires praguoises*
Traduction de Maurice Betz
Éditions du Seuil, 1966

Quand il revoit son enfance, passée à l'ombre de la cathédrale dans Malá Strana, la mémoire de Jan Neruda s'éveille. Il se rappelle ces dimanches pendant lesquels il tentait d'échapper à la vigilance parentale pour grimper tout en haut du clocher :

« Un escalier abrupt, en colimaçon : il y faisait noir comme dans un four ; de-ci de-là, un peu de jour donnant sur l'intérieur sombre du clocher. En quelques minutes, me voilà arrivé aux cloches. Une courte halte – le temps d'une brève caresse à la gigantesque cloche de Sigismond, le temps de tirer un peu la corde de sa voisine Josèphe, et de nouveau, à l'assaut, plus haut ! Mes genoux tremblaient, ma poitrine haletait, mais plus j'étais haut, plus je montais vite, jusqu'à ce que, soudain, la lumière se fît, et j'entrais dans la galerie si brusquement que le guetteur sursautait et jurait. Tout mon cœur frémissait, mes joues brûlaient, le souffle me manquait presque ; mais – oh ! que c'était beau ! Ah ! Prague, Prague, que j'aimais pour sa beauté avant même d'avoir pris conscience de ce sentiment. Prague était là, au-dessous de moi, baignée de lumière, de reflets bleuâtres ; la Vltava comme un ruban d'argent, la plaine, les collines tout autour, jonchées d'émeraudes et de saphirs, j'aurais voulu boire tout cela d'un seul long regard. »

Jan NERUDA
La messe de Saint Wenceslas in Hanus JELINEK, *Histoire de la Littérature Tchèque*

Lorsque l'hiver tisse ses flocons au point de Venise et que la neige plumeuse capitonne en édredon sur toute la ville, le visage de Prague se métamorphose. Dans son roman fantastique,

Gustav Meyrink nous dresse un décor inquiétant autour de la cathédrale. Le narrateur marche vers le Hradschin. Il a rendez-vous avec une mystérieuse inconnue :

« Tandis que je gravissais les innombrables marches de granit du Hradschin, dont chacune est large quatre fois comme un homme est long, la ville s'enfonçait sous mes yeux, pas à pas, avec ses toits et ses pignons.

Bientôt le crépuscule glissa le long des maisons, puis j'arrivai à la place isolée au milieu de laquelle la cathédrale s'élance jusqu'au trône de l'ange. Des traces de pas aux bords encroûtés de glace conduisaient à la porte latérale.

D'une maison éloignée, un harmonium égrenait doucement des notes qui se perdaient dans le silence du soir. Telles des larmes de mélancolie tombant dans l'abandon.

J'entendis derrière moi le soupir du tambour lorsque la porte de l'église m'accueillit et je fus englouti par l'obscurité ; figé dans la sérénité, l'autel doré scintillait de son haut à travers les lueurs vertes et bleues de la lumière mourante qui passait dans les vitraux et tombait sur les prie-Dieu. Des étincelles jaillissaient de lampes en verre rouge.

Odeur flétrie de cire et d'encens.

Je m'adossai à un banc. Mon sang était étonnamment calme dans ce royaume de l'immobilité.

Une vie sans pulsations emplissait l'espace – une attente secrète, patiente.

[...] Le bruissement d'une robe de soie était venu jusqu'à moi et une main de dame, délicate et fine avait frôlé mon bras ... »

Gustav MEYRINK
Le Golem
Traduction de Denise Meunier
Éditions Stock, 1969

C'est Rodolphe II de Habsbourg (1552-1612) qui ramena l'autorité de l'empire de Vienne vers Prague. Son règne marqua l'apogée de la vie intellectuelle et culturelle de la Bohême, si bien que la cour devint l'une des plus rayonnantes de l'époque. Ce fils de Maximilien II sut attirer vers lui beaucoup d'artistes tels Arcimboldo ou Spranger et de grands savants comme Kepler ou Tycho Brahé. Rodolphe, personnage à l'esprit mystique et tourmenté, s'était engoué de sciences occultes. Sa recherche incessante de la pierre philosophale, de l'élixir de vie, des secrets de la transmutation ou du perpetuum mobile *attirèrent autour de lui une meute d'astrologues, d'alchimistes, de kabbalistes, de mages, mais aussi de charlatans de tout poil.*

Le dramaturge Karásek fait discourir le chambellan Rumpf, personnage de l'un de ces « poèmes scéniques ». Sur le ton de la confidence, le gentilhomme ébauche le sombre portrait de Rodolphe, son maître :

« Je connais Sa Majesté depuis l'enfance. Je l'ai accompagnée à la cour espagnole du roi Philippe. Je puis donc dire qu'il n'y a point au monde d'être plus mélancolique et plus solitaire. Nous nous attardions la nuit dans l'obscurité des églises. Je le voyais prier avec ferveur et il me semblait que le ciel dût se rendre à pareil assaut. Pourtant il priait en vain. Lorsque nous sortions du temple, il était de nouveau malheureux. Il doutait de son propre salut et l'idée des châtiments infernaux l'épouvantait. Il s'est réfugié à Prague comme dans un cloître. Par crainte des gens, il ne sort que la nuit. Il ne parle avec personne, et personne ne l'a jamais vu sourire. De même que son habit est noir, son âme est perpétuellement sombre. Et s'il n'y avait l'enchantement des sciences occultes qui l'attirent tant, de l'astrologie et de l'alchimie, s'il n'y avait l'art, les statues, les peintures, les livres, les joyaux et les étoffes qu'il accumule avec une insatiable avidité, il vivrait dans un tel néant qu'il se consumerait comme une ombre inconsistante. »

Jiří KARASEK ZE LVOVIC
Král Rudolf (Rodolphe II) in Angelo RIPELLINO, *Praga Magica*
Librairie Plon, 1993

Avançant derrière le couvent Saint-Georges on découvre la célèbre Ruelle d'Or et ses étranges petites maisons bigarrées. Kafka vécut ici, au numéro 22 où il travailla à l'élaboration de Un Médecin de la Campagne.

C'est dans ces édicules exigus que l'empereur rassemblait les astrologues et alchimistes qui travaillaient au Grand œuvre *pour son service. Tout le mystère enveloppant ce lieu magique a nourri de nombreuses légendes depuis des siècles. On raconte que certaines nuits de pleine lune, lorsque le brouillard s'accroche aux pavés poisseux, on peut apercevoir, dans la lumière timide de l'astre sélène, une maison fantôme – celle que l'on appelle « À la Dernière Lanterne ».*

Dans son roman fantastique, Gustav Meyrink nous fait vivre cette légende. Par une nuit profonde et froide, Pernath remonte le petit escalier qui se faufile sur les remparts du château, mais le brouillard est si épais, presque consistant, que le narrateur semble perdu ... :

« Une étroite ruelle sinueuse avec des créneaux, à peine assez large pour mes épaules – et je me trouvai devant une rangée de maisonnettes dont aucune n'était plus haute que moi.

Il me suffisait de tendre le bras pour toucher les toits.

J'étais dans la rue des Faiseurs d'Or, où, au Moyen Âge, les adeptes de l'alchimie chauffaient la pierre philosophale et empoisonnaient les rayons de lune. Pas d'autre issue que celle par où j'étais venu. Mais impossible de retrouver l'étroit passage entre les murs – je me heurtais à une barrière de bois.

Rien à faire, je suis obligé de réveiller quelqu'un pour demander mon chemin. Ce qui est bizarre, c'est qu'il y a là une maison qui ferme la rue – plus grande que les autres et apparemment habitée. Je ne me rappelle pas l'avoir déjà remarquée. Elle doit être badigeonnée de blanc pour ressortir aussi nettement dans le brouillard ?

Je franchis la barrière, traverse l'étroit jardinet, et presse le visage contre la vitre : tout est noir. Je frappe à la fenêtre – Alors un homme incroyablement vieux, une chandelle allumée à la main, apparaît sur le seuil de la porte, s'avance à pas tremblants jusqu'au milieu de la pièce, s'arrête, tourne lentement la tête vers les cornues d'alchimiste au mur, fixe un œil méditatif sur les gigantesques toiles d'araignée dans les coins, puis dirige enfin son regard vers moi. L'ombre de ses pommettes remonte jusque dans ses orbites qui ont l'air aussi vides que celles d'une momie. De toute évidence, il ne me voit pas. Je frappe à la vitre. Il ne m'entend pas et ressort de la pièce comme un somnambule. J'attends en vain.

Je frappe à la porte de la maison : personne n'ouvre – Pas d'autre ressource que de chercher jusqu'à ce que j'aie trouvé la sortie de cette ruelle. »

Gustav MEYRINK
Le Golem
Traduction de Denise Meunier
Éditions Stock, 1969

Lorsque qu'on arrive au château en escaladant le vieil escalier, on se trouve devant la tour Noire et, plus loin, la tour

Daliborka – autre lieu de mystère et de légende. Cette ancienne geôle doit son nom au chevalier Dalibor qui inspira le célèbre opéra de Smetana.

Enfermé avec son violon dans un cul-de-basse-fosse sans manger, il attendait la mort. De temps à autre, on entendait de douces mélodies qui s'échappaient du soupirail. Les villageois émus lui firent parvenir quelques victuailles dans un panier attaché par une corde.

Passant sur la place du Palais-Royal à l'écart des palais, il est encore une maison nimbée de secret et de souffrance et si triste, qu'on pourrait croire que la mort elle-même habite en ces lieux. Rilke soulève pour nous un coin de ce voile mystérieux qui recouvre le couvent des Barnabites[32] *:*

« Les enfants des environs passent avec un frisson de crainte devant son austère silence, et, si par hasard on leur a parlé de cette maison, pendant toute la nuit ils ne dorment pas, ou bien ils ont des rêves brûlants dans lesquels des nonnes pâles font des choses étranges. Certes, leur jeune fantaisie peut être éveillée par les Barnabites qui vivent leur mort continuelle et muette derrière ces murs cruels, sans jamais échanger une parole entre elles, et qui ne peuvent même pas s'accorder autant de soleil que l'une pourrait en trouver dans l'œil de l'autre, les Barnabites qui passent leurs nuits agitées par d'anxieuses prières, dans des cercueils de bois où bientôt on les ensevelira sous le carré de terre qui doit être au tréfonds de ces murs sombres, et où certainement ne pénètre jamais aucun printemps. L'ordre des frères barnabites depuis longtemps s'est éteint. Les crânes à demi décomposés des deux derniers compagnons sont restés sur un autel de pierre, dans les catacombes funéraires de Santa

Maria della Victoria, et jouissent du repos sans prières de la pourriture. Mais les sœurs sont plus persévérantes dans la souffrance. Lorsque voici quinze ans pour la dernière fois, le repos des gonds rouillés de la porte fut troublé, des voisins à cheveux blancs, des religieuses à la mémoire déjà compromises, prétendirent savoir qu'une huitième nonne avait rejoint les sept qui étaient encore en vie, mais ce n'était là que des suppositions assez dépourvues de fondement. En revanche, des gens plus jeunes et aux yeux plus sûrs avaient regardé dans la voiture qui apportait la plus récente victime, et ceux-ci juraient que c'était une toute jeune fille d'une beauté et d'une noblesse indescriptibles, et ils ajoutaient que c'était un péché de laisser se faner cette plénitude de grâce rare dans le plus terrible de tous les cloîtres. Et ils disaient encore bien des choses. »

Rainer Maria RILKE
Le Roi Bohusch in *Histoires praguoises*
Traduction de Maurice Betz
Éditions du Seuil, 1966

CHAPITRE VIII

LES QUARTIERS DE PRAGUE : STARÉ MĚSTO LA VIEILLE VILLE

Staré Město est certainement le secteur le plus touristique de Prague. Le cœur du quartier tourne autour de la place de la Vieille Ville (Staroměstské) de laquelle il est aisé de rayonner vers les rues piétonnes et le dédale de petites ruelles alentour.

Dans le prolongement de Malá Strana, de l'autre côté du pont Charles, la Vieille Ville s'allonge jusqu'à la Tour poudrière. C'est cet itinéraire qu'empruntaient les souverains de Bohême en remontant la fameuse « Voie Royale » jusqu'au Hradschin – le château. Le roi – ou l'empereur, était accueilli par les autorités municipales à la Tour poudrière qui marquait l'entrée de la ville, le cortège empruntait alors la place de la Vieille Ville puis la Petite Place par Celetná pour rallier la place des Croisés par Karlova puis le pont Charles avant de grimper vers le château à travers Malá Strana.

Suivons ces deux nobles gentilshommes qui passent et découvrons Staré Město, au temps de Rodolphe II :

« Un jour de l'été 1598, deux jeunes nobles de Bohême marchaient bras dessus, bras dessous dans les rues de la Vieille Ville de Prague. L'un était Pierre Zaruba de Zdar, étudiant en droit à l'université de Prague, esprit agité et entreprenant qui réfléchissait au moyen de permettre à l'Église ulstraquiste de faire valoir ses droits... [...] L'autre, un peu plus âgé s'appelait Georges Kaplir, de Sulavice, et vivait sur ses terres de la région de Beraun. Il ne s'occupait guère de politique ni de religion ; ses pensées allaient au saindoux, aux volailles, au beurre et aux œufs qu'il avait livrés à l'intendance impériale pour les cuisines de l'empereur et aux Juifs qu'il rendait responsables de la dureté des temps.

[...] Ils étaient allés à l'église du Saint-Esprit, et Georges Kaplir s'était étonné qu'ils eussent rencontré autant de Juifs en chemin. Pierre Zaruba lui avait expliqué que les Juifs étaient ici chez eux, car cette église était entourée de tout côté par des rues et des maisons juives. Kaplir trouvait que c'était une honte de ne pouvoir aller prier à l'église sans tomber sur les larges barbes des Juifs, et Pierre Zaruba observa que les Juifs pouvaient bien porter des barbes aussi larges que la Zuber, cela lui était bien égal. »

Leo PERUTZ
La Nuit sous le pont de Pierre
Traduction de Jean-Claude Capèle
Librairie Arthème Fayard, 1987

Les marchés et les petites échoppes étaient indispensables à la vie économique de la capitale. Ici se trouvaient toutes les couches de la population et c'est encore là que se propageaient les nouvelles et les rumeurs. C'est dans la Vieille Ville que se tenait le marché le plus important. Tel un reporter historique, Ripellino reconstitue pour nous cette atmosphère singulière :

« Prague magique : réceptacle et armoire de débris et d'objets surannés, de vieux outils inquiétants, de rebuts hétéroclites, immense *tandlmark,* marché de fripes et de vieilleries. Ce n'est pas un hasard si, depuis le XVIIe siècle, le *tandlmark* (ou *tármark*) grouillait au cœur même de la capitale, au milieu de la Vieille Ville, hors du ghetto. Depuis le seuil de leurs baraques imbriquées les unes dans les autres, revendeurs et escrocs hurlaient à qui mieux mieux, offrant aux passants de vieilles chaussures, des pièces d'or et d'argent, des montres, des chapeaux, des poignards, des perroquets, des cages à oiseaux, des ustensiles domestiques, de vieilles bibles, des incunables, des livres, des fourrures et des houppelandes. Ici, au XVIIe siècle, le peintre Norbert Gründ vendait ses tableaux un florin. Des vivandières proposaient leurs fritures, de la viande de porc, des pois nageant dans la graisse, extrayant leur médiocre pitance de chaudrons montés sur roulettes. Une grande foule curieuse s'écoulait dans les ruelles et sur les places encombrées de vieilles baraques en bois. Maroufles, ribaudes et filous se mêlaient à cette populace. »

Angelo Ripellino
Praga Magica
Traduction de Jacques Michault-Paternó
Librairie Plon, 1993

Bohumil Hrabal adorait lui aussi traîner son ombre sur les marchés de Staré Město, c'est certainement dans de tels lieux qu'il croquait les portraits que l'on retrouvait plus tard au détour d'un chapitre. Emboîtons-lui le pas :

« Parfois, dès avant midi, je m'en vais au marché U Kotcu. Au coin, j'achète les éphémérides de tous les mois, des étoffes de couleur dégoulinent du nez des vendeuses qui mesurent les métrages avec leur coude, tous les jours un parasol s'épanouit sur la nuque des tisanières. Dans ce passage on voit souvent, sortant de leur antre, de petites vieilles vacillantes dont les visages portent les cicatrices des signes du zodiaque et qui arborent des lambeaux de peau de léopard à la place des yeux. Elles exhibent des objets inutiles, déments. L'une d'elles vend des roses en plumes vertes, un sabre d'amiral et des touches d'accordéon, l'autre propose des caleçons militaires, des seaux de toile et un singe empaillé. Au marché au charbon, les poches de kangourou des vendeuses recèlent des tulipes de toutes les couleurs. Dans les vitrines de la rue Rytířská, les colombes lissent les plumes de leur col, des perruches volettent dans leur cage – comme des métaphores de poète. »

Bohumil HRABAL
Vends Maison où je ne veux plus vivre
Traduction de Claudia Ancelot
Éditions Robert Laffont, 1989

L'auteur nous trace une perspective singulière de ces faubourgs : ses petites rues pittoresques et ses petits métiers qui constituent le climat si particulier de ce quartier qu'il fréquentait si souvent :

« En passant par la rue Michalská, je lis une inscription : *Portes de Fer*. Ça vous requinque, cela, comme de boire du vin ferreux. Dans un passage, j'aperçois l'intérieur d'une échoppe d'horloger : l'apprenti en train de balayer ne cesse de cligner des yeux, des yeux pleins de sucre candi, il doit avoir une conjonctivite, je parie que tous les matins il est obligé de décoller de force ses paupières pour trouver le lavabo. Aujourd'hui, je rencontre des piétons par séries, comme reliés par un invisible cordon de malheur. Dix personnes avec un pansement sur la tête, ensuite une douzaine d'individus qui lèvent les sourcils d'un air significatif, comme pour dire quelque chose, sept autres avec un bandeau sur l'œil. »

Bohumil HRABAL
Vends Maison où je ne veux plus vivre
Traduction de Claudia Ancelot
Éditions Robert Laffont, 1989

Lancée vers le ciel comme une langue reptilienne voilà que paraît le clocher bifide de Notre-Dame-de-Týn. Parmi cent trésors l'église abrite la tombe du célèbre astrologue danois[33], *protégé de Rodolphe II. L'ouvrage apparaît comme un véritable poème baroque minéral :*

« La pierre tombale de Tycho dans l'église gothique de Týn resplendit comme un lieu ensorcelé présent dans de nombreuses histoires ayant pour fond la ville de Prague : sculptée dans le marbre rouge de Slivenec, l'image du savant se dresse, légèrement déformée comme sous l'effet d'un torticolis, dans sa pesante armure de chevalier, la poitrine bombée, la barbe en pointe, la dextre reposant sur une sphère armillaire et la senestre empoignant une épée. »

Angelo RIPELLINO
Praga Magica
Traduction de Jacques Michault-Paternó
Librairie Plon, 1993

Face à l'église, de l'autre côté de la place, voici l'Hôtel de ville et son incroyable horloge astronomique conçue par maître Hanus en 1490. Conformément aux connaissances astronomiques de l'époque, les mouvements des planètes sont indiqués par rapport à la terre qui se trouve au centre du système. Le cadran présente deux temps différents ; outre l'heure traditionnelle, l'horloge marque également le temps selon l'ancienne tradition de la Bohême médiévale – c'est-à-dire une journée partagée en 24 parties à partir du lever du soleil. Tout le mécanisme est animé par un étonnant petit théâtre allégorique :

« Nous nous tûmes, visitâmes l'église puis allâmes entendre tinter l'heure à l'horloge de l'Hôtel de Ville. La Mort, tirant la corde, sonnait en hochant la tête. D'autres statuettes remuaient, tandis que le coq battait des ailes et que, devant une fenêtre ouverte, les Douze Apôtres passaient en jetant un coup d'œil impassible sur la rue. »

Guillaume APOLLINAIRE
Le Passant de Prague

Souvenons-nous également que le Staré Město *fut le quartier de prédilection de Kafka qui passa le plus clair de sa vie dans le périmètre de* Notre-Dame-de-Týn *:*

Voici maintenant que Raban traverse la rue avec sa valise à la main et son air d'amoureux inquiet. Il cherche un tramway pour se rendre à la gare. C'est aujourd'hui qu'il part à la campagne pour rejoindre sa fiancée. Nous sommes en juin, il pleut... :

« Il arriva à un porche isolé qui formait une voûte et qui, au haut de la rue en pente raide menait à une petite place entourée de boutiques déjà éclairées. La statue basse d'un homme assis dans une attitude pensive occupait le milieu de la place, un peu assombri par la lumière confinée sur les bords. Les gens se déplaçaient à la manière d'écrans minces devant les lumières et comme les flaques répandaient largement et profondément tout leur éclat, la place changeait continuellement d'aspect.

Raban allait certes de l'avant, mais il évitait en sursautant les voitures qui accéléraient, sautait d'un pavé sec sur un autre pavé sec, et levait très haut la main qui tenait son parapluie ouvert, afin de bien voir tout ce qui se passait autour de lui. Jusqu'au moment où il s'arrêta, près d'un poteau de réverbère – c'était un arrêt de tramways planté sur un petit terre-plein carré. »

Franz KAFKA
Préparatifs de noces à la campagne
Traduction de Marthe Robert
Éditions Gallimard, 1957

CHAPITRE IX

LES QUARTIERS DE PRAGUE : JOSEFOV[34] ET LE GHETTO

Il semblera singulier de vouloir visiter, un quartier qui n'existe pas, qui n'existe plus. L'ancienne ville juive doit son nom à Joseph II – lequel accorda à la communauté une égalité de droit avec le reste de la population. Elle a été complètement détruite à la fin du siècle dernier pour des raisons de salubrité. Seuls le vieux cimetière, les six synagogues et l'ancien Hôtel de Ville juif ont subsisté.

Cet hôtel de ville fut construit par Morchedai Maisel (1570-1577), alors chef de la communauté (roch hakehilah). Plus tard, en raison de la bravoure de sa population contre l'invasion suédoise, Ferdinand III autorisa l'édification d'un clocher et d'une horloge surmontant le bâtiment. Sur le pignon de la façade nord, une autre curieuse horloge indique l'heure à l'envers, comme si, ici, le temps revenu en arrière, retenait son souffle ; comme si, l'on pouvait encore apercevoir Apollinaire se promenant en compagnie du Juif errant :

« Après avoir visité la désolante prison appelée *Schbinska*, nous traversâmes le quartier juif aux étalages de vieux habits, de ferrailles et d'autres choses sans nom. Des bouchers dépeçaient des veaux. Des femmes bottées se hâtaient. Des Juifs en deuil passaient, reconnaissables à leurs habits déchirés. Les enfants s'apostrophaient en tchèque ou en jargon hébraïque.

Nous visitâmes, tête couverte, l'antique synagogue, où les femmes n'entrent point pendant les cérémonies, mais regardent par une lucarne. Cette synagogue a l'air d'une tombe, où dort voilé le vieux rouleau de parchemin qui est une admirable thora. Ensuite Laquedem lut à l'horloge de l'Hôtel de Ville juif qu'il était trois heures. Cette horloge porte des chiffres hébreux et ses aiguilles marchent à rebours. »

Guillaume APOLLINAIRE
Le Passant de Prague

Le ghetto de Prague, ancré depuis des siècles dans la tradition – avant même la construction de son mur d'enceinte, a toujours été en proie à tous les préjugés liés à l'occulte, le mystère, l'argent caché ou la promiscuité.

On trouve chez les écrivains tchèques, et particulièrement les Juifs germanophones, d'abondantes références à l'ancien ghetto de Prague. Les récits présentent le plus souvent l'univers énigmatique, ésotérique ou carrément tourmenté de ce monde disparu. Ces écrivains entretenaient des relations ambiguës de Hassliebe *– haine / passion – avec cet univers. Tout se passe comme s'ils balançaient entre deux sentiments – le rejet dès qu'ils se trouvent à l'intérieur de leur communauté et une grande nostalgie dès qu'ils s'en éloignent.*

C'est ainsi, par exemple, que Kafka – d'après Gustav Janouch, appréciait une littérature comme celle de G. Meyrink qui selon lui « rendait merveilleusement l'atmosphère du vieux quartier juif de Prague »[35] *; cependant Max Brod rapporte que Kafka ne se sentait pas plus attiré par Oscar Wilde que par Meyrink : cela lui paraissait recherché et par trop voyant*[36].

Angelo Ripellino fait également une place à part à la littérature germanique tchèque et juive, même s'il déplore son expression mélancolique et par trop complaisante dans sa malédiction. L'auteur nous donne encore sa vision du ghetto tel que le restitue l'iconographie de l'époque sur cette cité dont la présence est attestée depuis le Xe siècle :

« Le pittoresque du ghetto (tel qu'il apparaît dans les photos jaunies et dans les peintures de Jan Minařick, d'Antonín Slavíček et d'autres peintures du début du XXe siècle) tenait au contorsionnisme de l'architecture, à l'encastrement et à l'imbrication de masures bancales, nues, humides, sales, véritables nids à rats. C'était un bizarre labyrinthe de ruelles crasseuses, non pavées, étroites comme les galeries d'une mine où le soleil pénétrait rarement pour balayer de ses rayons les immondices de l'ombre. Ruelles malades et laides qui traversaient le ventre d'une bâtisse, puis, bifurquant à l'improviste, venaient heurter comme des chauve-souris un mur aveugle. Ruelles crevassées parcourues par des relents de moisissure et de renfermé. Ruelles zigzagantes, avec leurs réverbères aux angles, flaques boueuses et portails de bois en ogive. Boyaux dont les saillies et les coudes avaient un je-ne-sais-quoi d'ivre, de titubant, d'onirique.

Le ghetto comptait un nombre impressionnant de cours et de galeries, galeries à l'intérieur des cours avec des escaliers extérieurs compliqués, aux marches branlantes, recouverts d'un petit toit. S'il n'était pas possible d'installer les galeries sur la cour, on les accrochait tranquillement sur les façades. »

Angelo RIPELLINO
Praga Magica
Traduction de Jacques Michault-Paternó
Librairie Plon, 1993

C'est sous Rodolphe II que la cité juive sera à son apogée ; elle tient, à cette époque, un rôle essentiel dans la vie de la capitale et n'est pas encore fermée par son mur d'enceinte, qui ne sera construit qu'à l'époque du siège suédois.

Le personnage le plus puissant de cette communauté était le rabbi Mordechai Meisl, si riche disait-on « qu'il saupoudrait de sucre sa tartine de miel »... La légende raconte également que cette fortune colossale provenait de son art du Grand' Œuvre par l'alchimie et la Kabbale. Toute la communauté bénéficiait de ses largesses et l'empereur lui-même n'aurait pu financer ses guerres contre le Turc ni accumuler ses trésors de collection que grâce à la générosité de M. Meisl.

Grand' Œuvre, Kabbale, alchimie, revenants, occultisme, divination, ésotérisme... – à Prague, tout ce paranormal paraît normal ; mais c'est la légende du Golem, personnage-clé et légende vivante dans tous les esprits des habitants du ghetto de l'époque.

Le Golem, créature fantastique née de la volonté du grand rabbin Löw ben Bezabel, a été créée à partir de terre glaise. Mais comment ce rabbin a-t-il pu créer ce Golem ?

« [...] Quant à fabriquer un golem, on trouve dans le Sefer Yetsirah ou *Livre de la création* une recette qui exigeait une grande quantité de sol de montagne vierge qu'il fallait pétrir avec de l'eau de source pour en tirer une forme humaine. Le créateur devait, sur chaque membre de l'image, réciter la combinaison alphabétique qui convenait, puis en faire le tour un certain nombre de fois dans le sens des aiguilles d'une montre. Après quoi le golem se levait et vivait. Si l'on se mettait à tourner dans l'autre sens, la créature redevenait glaise.

Dans aucun des premiers documents, il n'était précisé que le golem pouvait parler. Mais l'automate possédait le don de mémoire et obéissait aux ordres mécaniquement, sans réflexion, à condition que ceux-ci fussent donnés à intervalles réguliers. Sinon, le golem pouvait être pris de folie meurtrière.

Les golems grandissaient, pouce après pouce, jour après jour, aspirant, semblait-il, à atteindre la taille gigantesque de l'Adam cosmique et, en conséquence, à écraser leurs créateurs et à conquérir le monde.

Il n'y avait pas de limite, dit Utz, à la taille des golems ? Les golems étaient extrêmement dangereux.

On disait qu'ils portaient une plaque de métal connue sous le nom de *shem*, soit en travers du front, soit sous la langue. Sur le shem était gravé le mot hébreu *emeth*, la *vérité de Dieu.* Lorsqu'un rabbin désirait détruire son golem, il lui suffisait d'effacer la première lettre. *Emeth* devenait alors *meth* – c'est-à-dire *mort* – et le golem disparaissait. »

Bruce CHATWIN
Utz
Éditions Bernard Grasset

Derrière cette fenêtre mal ajustée d'une masure fourbue par les temps de misère, vacille la lueur hésitante d'une chandelle. Dans sa mansarde, Pernath – le narrateur, a réuni quelques amis autour d'un verre d'alcool chaud. Suivons la plume de Meyrink :

« Zwakh, racontez-nous donc encore quelque chose, demanda Prokop, puis, il nous regarda, Vreislander et moi, pour voir si nous étions du même avis.

Je ne sais pas par où commencer dit le vieillard, hésitant.

L'histoire du Golem n'est pas facile à saisir. Comme Pernath l'a dit tout à l'heure, il sait exactement l'aspect qu'avait l'inconnu et pourtant il ne peut pas le décrire. Il se reproduit à peu près tous les trente-trois ans dans nos ruelles un événement qui n'a rien de particulièrement bouleversant en lui-même et qui provoque pourtant une panique parce qu'on ne lui trouve ni explication, ni justification. Chaque fois, un homme totalement inconnu, imberbe, le visage jaunâtre et de type mongol, se dirige à travers le quartier juif vers la rue de la Vieille École d'un pas égal, curieusement trébuchant, comme s'il allait tomber en avant d'un instant à l'autre, puis soudain – disparaît. En général, il tourne un angle de rue et se volatilise.

Une autre fois, on dit qu'il a décrit un cercle pour revenir à son point de départ : une très vieille maison dans le voisinage de la synagogue.

Quelques agités prétendent aussi l'avoir vu déboucher d'une ruelle adjacente et venir à leur rencontre. Mais bien qu'il eût indiscutablement marché dans leur direction, il était devenu de plus en plus petit, comme quelqu'un dont la silhouette se perd dans le lointain – puis il avait brusquement disparu. »

Gustav MEYRINK
Le Golem
Traduction de Denise Meunier
Éditions Stock, 1969

*Rabbi Löw repose maintenant en paix dans le vieux cimetière juif, rare vestige encore présent de l'ancien ghetto. Fondé en 1476, il est demeuré intact depuis la pose de la dernière pierre tombale en 1787. Pourtant, à la fin du XVI*e *siècle la nécropole s'anima plus que de coutume ; une épidémie de peste s'abattait sur la capitale de Bohême et la Grande Faucheuse décimait toute la population.*

Mais le ghetto perclus, allait bientôt disparaître sous le boutoir des pioches. Le siècle agonisait, Leo Perutz avait 15 ans lorsque le ghetto s'affaissait, étouffé sous les décombres :

« Je garde un souvenir particulièrement précis de ma dernière visite à la cité juive. C'était quelques jours avant les grandes vacances d'été, et avec mes cahiers, que je portais attachés par une courroie, je traversais l'ancien ghetto dont la démolition venait à peine de commencer. À mon grand étonnement, je tombai, dans la rue Joachim et la *ruelle dorée*, sur de grandes brèches que la pioche avait ouvertes, au travers desquelles j'aperçus des rues et des ruelles qui m'étaient restées inconnues jusqu'alors. Je dus me frayer un chemin au milieu de montagnes de débris et de gravats, de tuiles brisées, de bardeaux, de tuyaux tordus, de planches et de poutres pourries, de mobilier délabré et autres débris. En retard, fatigué et couvert de plâtre et de poussière de la tête aux pieds, j'arrivai dans la *turne* de l'étudiant en médecine Jakob Meisl. »

Leo PERUTZ
La nuit sous le pont de pierre
Traduction de Jean-Claude Capèle
Librairie Arthème Fayard, 1987

Du pas alerte de sa trentaine naissante, Meyrink s'approche d'un fiacre, enjambe le marchepied, claque la portière et lance : « Cocher, conduisez-moi le plus vite possible au 7, ruelle du Coq ». Il veut à son tour revoir une dernière fois le ghetto :

« Au bout de quelques mètres, le véhicule s'arrêta.
[...] – Je ne peux pas y aller.
– Et pourquoi donc ?
– Y z'ont mis partout les pavés en l'air. Soi-disant qu'y z'assainissent la ville juive.

– Et bien allez jusqu'où vous pouvez aller, mais vite, je vous en prie.

Le canasson fit un petit temps de galop, puis poursuivit sa route à une allure plus mesurée. Je baissai la glace de la portière et avalai goulûment de grosses gorgées d'air nocturne.

[...] Encore une minute – une demi-minute – et puis – Le fiacre s'arrêta devant un monceau de débris. Partout des barricades de pavés.

Des lanternes rouges brûlaient sur leur sommet. À la lueur des torches, une armée d'ouvriers creusaient et pelletaient. Des montagnes de gravats et de moellons barraient le chemin. J'escaladai, glissai, enfonçai jusqu'au genou.

Là, ce devait bien être la ruelle du coq tout de même ? ! Je m'orientai péniblement. Rien que des ruines autour de moi. La maison où j'avais habité ne se trouvait-elle pas là ?

Toute la façade avait été arrachée. Je grimpais sur une colline de terre ; loin en bas, une chaussée noire, pavée, suivait le tracé de l'ancienne ruelle. Je levai les yeux : telles de gigantesques cellules dans une ruche, les pièces vidées restaient suspendues en l'air, les unes contre les autres, éclairées moitié par les lueurs des torches et moitié par la lumière morne de la lune.

[...] Je me retournai : de la maison que Wassertrum avait habitée, il ne restait pas pierre sur pierre. Tout avait été rasé : la boutique du brocanteur, le sous-sol de Charousek – tout, tout. *L'homme passe comme une ombre.* Cette phrase rencontrée autrefois me revint à l'esprit. »

Gustav MEYRINK
Le Golem
Traduction de Denise Meunier
Éditions Stock, 1969

CHAPITRE X

LES QUARTIERS DE PRAGUE : LA NOUVELLE VILLE – NOVÉ MĚSTO

Avant de quitter le quartier de Josefov, une dernière visite s'impose de l'autre côté du pont Čechův, dans le prolongement de Pařízká, sur le parc de Letná.

Sur la grande terrasse où depuis 1991 le « Grand Métronome » marque son temps, trônait la plus grande statue du monde de Staline. Lorsque, à Moscou, au début des années 60, Khrouchtchev rangea au placard le corps embaumé du Petite Père des Peuples, il fut décidé qu'à Prague, le clone géant de granit devait également revenir à la poussière. Nous étions en 1962.

Empruntant la rue de Paris, Václav Jamek se rappelle quand, encore enfant, le colosse moustachu, véritable mémorial de la servitude[37]*, déchirait l'horizon et le toisait de son regard lapidaire :*

« Jamais une absence de statue ne fut aussi grandiose, aussi bien mise en évidence que cette Absence de la Statue de Joseph Staline, dynamitée en 1962. Je suis de ceux qui l'auront vue encore, de leurs propres yeux de gosse : voilà qui me date. Je me souviens comme j'ai été déçu le jour où, ramené à Prague par mon père sans doute, je me suis rendu compte de sa disparition ! On est tenté de rejouer la scène : l'explosion furtive, perpétrée non pas au petit matin des exécutions sommaires, mais par une nuit laiteuse et dégoulinante de brume où des ombres s'enfoncent honteusement, corvéables confus d'une barbarie qui, à seule fin de durer, se découvre soudain inavouable. La masse de pierre s'effondre presque doucement, comme en elle-même – un travail de fine horlogerie ; s'engloutit l'ogre et son troupeau de prolétaires fidèles et vigilants, avec le bruit mat d'une détonation de poussière qui roule des bouffées grisâtres bientôt s'alourdissant de bruine, sans projeter d'éclats, juste pour ternir d'une couche poudreuse les toits de la Ville. »

Václav JAMEK
Traité des Courtes Merveilles
Éditions Bernard Grasset

L'explosion du grand statuaire de Prague est très bien imagée par Bohumil Hrabal dans une scène où le sacristain de l'église de la Sainte-Trinité, sur Lazarská, grimpe au clocher. Un maçon l'accompagne pour réparer quelques dommages sur une statue :

« Le maçon sauta de l'échafaudage, le sacristain consulta sa montre, ils entrèrent tous deux dans la tour et s'engagèrent dans l'escalier en colimaçon.

– C'est à la dynamite qu'ils vont le faire sauter ? demanda le maçon.

[...] Enfin, ils arrivèrent près de la cloche. La ville s'étendait sous la fenêtre gothique. Sur les hauteurs de la rive d'en face se dressait la statue zébrée par l'échafaudage de tubes qui l'enserrait de toutes parts.

[...] Une détonation sourde se fit entendre, une lumière jaillit au milieu de l'édifice, un nuage se forma, une force mystérieuse brisa l'échafaudage, souleva légèrement le premier étage et des gerbes de tubes s'envolèrent, de plus en plus haut, et, lorsque faiblit la force qui avait catapulté ces lances, les tubes s'arrêtèrent, puis firent demi-tour et commencèrent à pleuvoir sur les environs, formant un arbre hérissé de lances ; la moitié de l'échafaudage s'effondra, l'autre moitié se décolla, se détacha de la statue comme un tremplin de ski, hésita un instant mais ne tomba pas. Et la statue se dressa, dénudée, plus forte et plus puissante que jamais, elle se pencha légèrement en avant comme pour menacer la ville et le vent soulevé par l'explosion passa sur les toits, fit doucement tinter les cloches et claquer comme un drapeau le pantalon et la blouse du maçon ».

Bohumil Hrabal
Vends maison où je ne veux plus vivre
Traduction de Claudia Ancelot
Éditions Robert Laffont, 1989

La Ville Nouvelle est le dernier des faubourgs rattaché à la capitale par Charles IV en 1348. C'est également le quartier le plus étendu. Traditionnellement, la Nové Město, vouée au commerce, était habitée principalement des marchands et des artisans et abritait deux des plus grands marchés : le marché au bétail – actuelle place Charles et le marché aux chevaux - sur la place Wenceslas. À la fin du siècle dernier le quartier fut, comme Josefov, largement rénové et transformé dans le goût Secese *de l'époque – Art Nouveau ou Sécession, dans lequel Alfons Mucha s'est illustré dans toute l'Europe.*

Cette impression d'espace apportée par de nouvelles et vastes avenues aérées succédant à ces entassements architecturaux anciens était tout à fait nouvelle à Prague et peut-être peu rassurante à l'époque. Rilke nous prête son regard pour observer la Nové Město par une journée sombre de novembre qui renforce cette impression :

« Ainsi arriva la Toussaint. Ce jour-là les larges rues de la ville neuve ont un air de méditation. Dans les élégants magasins de fleurs on expose des couronnes luxueuses, et les fleurs exotiques ne peuvent plus sourire. Les cases d'affiches des spectacles sont vides sur les colonnes publicitaires, et seul le Théâtre national annonce la représentation d'un drame lugubre : *Le Meunier et son Fils.* Aux vitrines des magasins d'art, on a placé devant les estampes anglaises des photographies sombres et des illustrations pour la chanson triste de Herman von Gilm : *Mets sur la Table les Résédas Parfumés...* Très tôt les lampes sont allumées sur les places brillantes de pluie et sans discontinuer défilent des fiacres portant de grandes couronnes ou des palmes sur le siège du cocher et sur la capote. À la lanterne arrière des voitures de tramway on a suspendu une guirlande de sapin, ou même une couronne en fil de fer qui ne fait pas ce voyage pour la première fois ce jour-là. »

Rainer Maria RILKE
Frère et Sœur in *Histoires praguoises*
Traduction d'Hélève Zylberberg et Louis Desportes
Éditions du Seuil, 1966

Il semble que Hrabal, affectionnait particulièrement cette église de la Trinité et sa statue de saint Thadée qu'il associe ici encore à la mort.

Hanta travaille depuis 35 ans devant une presse hydraulique. Tous les jours il passe son temps à boire et à écrabouiller tous les rogatons des éditeurs praguois. Mais aujourd'hui, il vient de recevoir sa lettre de licenciement. Une nouvelle presse munie des derniers perfectionnements vient d'arriver à l'usine. Il est bien incapable de s'en servir :

« J'ouvris les yeux, tout étonné de me retrouver toujours agenouillé sur le prie-Dieu de saint Thadée ; hébété, je restai un moment là à fixer les fentes du dossier, puis je me relevai, suivant des yeux, les autos, les traînées rouges laissées par les tramways, le flot des passants toujours pressés : les gens ne s'arrêtent jamais dans la rue Spalena, tous se hâtent de la rue Nationale à la place Charles ou de la place Charles à la rue Nationale, sur ses trottoirs étroits ils me bousculent au passage. [...]

Plongé dans mes pensées, je gagnai la place Charles en déchiquetant la lettre, ce remerciement dont je savais qu'il serait le dernier : car ma machine, dans ma cave, avait sonné le glas de tous ces petits riens, ces menues joies, ma fameuse presse m'avait trahi.

Immobile, debout, je regardais l'éblouissante statue d'Ignace de Loyola cimentée sur le fronton de l'église, cette statue triomphante, le corps entier auréolé, tout nimbé de lumière, cerné d'un cercle d'or qui claironnait comme une trompette... Mais ce que je vis au lieu de l'auréole, c'était une grande baignoire dorée, et Sénèque y gisait ; il venait juste de s'ouvrir au couteau les veines du poignet, démontrant à lui-même la justesse de sa pensée, prouvant qu'il n'avait pas écrit en vain ce livre que j'aimais : « De Tranquillitate Animi. »

Bohumil HRABAL
Une trop bruyante solitude
Traduction de Max Keller
Éditions Robert Laffont, 1981

Le fantastique est au rendez-vous à l'autre bout de la place Wenceslas, là où la rumeur situe la Faustův Dům – la vraie maison du docteur Faust qui, selon J. J. Kolár[38] *est entourée d'un jardin aux plantes étranges où l'eau jaillit en abondance, avec des cages de hyènes, de basilics, de loups et de léopards. » La légende atteste que ce fut « la dernière maison qu'habita le célèbre docteur, le lieu de son ultime rencontre avec le diable. »*

Un autre écrivain praguois prétend que deux maisons furent habitées par le magicien :

« Il y a aussi à Prague, sur le côté sud de la Karlsplatz, une autre maison à laquelle est lié le nom de *Faust.* Les légendes, ça va et ça vient. Peut-être a-t-il habité dans les deux, peut-être dans aucune. En tout cas, il serait né en Bohême et même, selon toute vraisemblance, à Prague. D'autres, qui n'ont que dédain pour Prague et la Bohême, et qui croient savoir tout mieux que personne, le situent en Souabe. Bah, aujourd'hui tout cela n'a pas beaucoup d'importance. Mais cette Prague, où tu es né toi aussi, est une vieille ville magique. C'est ici que les rabbins ont lâché dans la nature leurs apprentis sorciers et que les empereurs entretenaient leurs alchimistes. Le monde entier se rencontrait ici, l'Est et l'Ouest, les Juifs et les Chrétiens, les Tchèques et les Allemands, le Nord et le Sud, et là où confluent autant d'essences, il naît autant de choses, de paroles, de caractères et d'événements magiques, incompréhensibles, qu'on n'a jamais vus autre part, c'est le sol nourricier des puissances enchantées et des charmes.

– Et que faisait le magicien ? Il faisait sortir des pigeons de ses manches ? Il sciait en deux une femme en état de lévitation ?

– Rien de ces tours de passe-passe. C'était un savant docteur. Il confectionnait des électuaires pour vous rajeunir ou vous donner une vieillesse éternelle, il faisait fondre des métaux pour les transformer en or, mais il se livrait surtout à des expériences en vue de fabriquer artificiellement un être humain. Depuis, à Prague, on n'a cessé de renouveler ces tentatives. Cinquante ans après notre docteur, le célèbre rabbi Löw a donné vie à son valet mécanique, le golem. Mais le docteur, lui avait autre chose en tête. À partir de toutes sortes d'élixirs et de gaz, il voulait fabriquer dans un grand ballon en verre un être vivant, il paraît qu'il aurait réussi en partie, car il avait fait alliance avec l'un des neuf diables. Mais un diable ne suffit pas en ce cas là. Il faut avoir avec soi toute la confrérie, les Méphistophélès, Cozintras, Asmodée, Trochadeux, Astaroth, Serpens, Belzébuth, Samael et Fofunagra ou, comme les Tchèques l'appellent : Fanfrnik. Je connais leurs noms par cœur. Ils font partie intégrante de la maison. »

Johannes Urzidil
La Maison des neuf diables
Traduction de Jacques Legrand
Éditions Desjonquères, 1989

La place Wenceslas est l'autre centre d'attraction de la Nouvelle Ville, on trouve dans son périmètre la plupart des grands hôtels de Prague. L'hôtel Paříž des années 1920 sert de toile de fond au roman de Hrabal dans lequel le jeune héros vient de trouver un emploi de serveur :

« L'hôtel de Paris m'apparut enfin dans toute sa splendeur, si beau que je faillis en tomber à la renverse. Que de glaces aux murs, que de rampes de cuivre, de poignées, de candélabres parfaitement astiqués, on se serait cru dans un palais doré avec tous ces tapis rouges et ces portes vitrées ! M. Brandeis, le propriétaire de l'hôtel, m'accueillit très aimablement et me fit conduire tout de suite à ma chambre, une mansarde d'où j'avais une vue superbe sur Prague – rien que pour ce panorama j'étais bien décidé à faire de mon mieux pour y rester à demeure. En ouvrant le placard afin de ranger mes affaires et de défroisser mon frac, je découvris plein de vêtements déjà accrochés dedans, le second placard était rempli de parapluies et le troisième de pardessus, pendant que des centaines de cravates s'étalaient sur des ficelles tendues contre la porte entre deux punaises... Je dégageai donc quelques cintres pour suspendre mes propres affaires, puis j'allai m'accouder à la fenêtre pour contempler le panorama de Prague, la vue de tous ces toits pittoresques s'étageant au pied du Château des rois de Bohême qui resplendissaient dans toute sa majesté sous les rayons du soleil me fit monter les larmes aux yeux et effaca complètement de ma mémoire le Relais du Silence. »

Bohumil HRABAL
Moi qui ai servi le roi d'Angleterre
Traduction de Milena Braud
Éditions Robert Laffont

Angelo Ripellino nous montre quelques-uns de ses coins préférés à travers quelques portraits et impressions posés comme un parfum de souvenirs :

« Et, place Wenceslas, la grande enseigne lumineuse de la Maison de la Soie de Lyon, les distributeurs de boissons, les buffets ambulants qui offrent pêle-mêle tartes, sandwiches, saucisses à la moutarde et bière à la mousse noirâtre. Et les marionnettes de Turcs enturbannés en casaque turquoise hochant la tête dans les vitrines des drogueries Meinl. Et le bruit de ferraille des trams rouges bringuebalant en direction du cimetière d'Olšany, une couronne suspendue à leur remorque comme une bouée de sauvetage. Et les jeunes filles en robe longue, les joues légèrement fardées, images de l'éternel Biedermeier praguois, pareilles aux *poupées de café* (kávové panenky) de Štyrský, se rendant à leur premier bal au Lucerna, escortées de leurs mères. »

Angelo RIPELLINO
Praga Magica
Traduction de Jacques Michault-Paternó
Librairie Plon, 1993

CHAPITRE XI

PRAGUE ET LES TAVERNES

On ne peut prétendre connaître Prague sans avoir fréquenté les tavernes, pubs, cafés, bars ou autres débits de boisson. Rendez-vous obligatoire où tous les Praguois se rencontrent, le plus souvent autour d'une bière, pour refaire le monde. Il existe plusieurs sortes d'établissements où l'on peut indifféremment boire un verre et manger un « petit quelque chose ». Le plus confortable pour un Français c'est le café appelé *kavárna* ou bien encore *vinárna* (bar à vin). C'est généralement un espace ouvert sur l'extérieur, fréquenté tout au long de la journée.

L'établissement le plus populaire c'est bien sûr le pub ou la brasserie, dans laquelle on boit exclusivement de la bière. Sur les enseignes s'inscrivent alors les noms de : *pivnice*, *hospodar* ou *hostinec*. Certains de ces établissements existent depuis des siècles ; c'est ainsi que « U svatého Tomáše » – « Au St. Thomas », est ouvert depuis 1352 et chez « U Fleků » on brasse sa propre bière depuis 1459.

Contrairement aux cafés, les brasseries sont majoritairement fréquentées par les hommes. On notera qu'ici la bière se boit par demi-litre et qu'elle titre le plus souvent entre 10° et 12°.

Bien que Prague ne soit pas au bord de la mer, on verra qu'il faut avoir le pied marin pour circuler dans la capitale dès la nuit tombée.

Comme les cafés littéraires de Paris, certaines tavernes ont, de tout temps, pris une part active à la vie intellectuelle de la capitale. C'est ainsi que Kafka fréquentait le café Arco, le Savoy ou le Montmartre. Les *poétistes* Nezval et Teige autour d'Apollinaire avaient leurs habitudes au café Slavia. Si l'on voulait rencontrer Gustav Meyrink, c'est au café Central qu'il fallait se rendre ; pour Jakub Arbès, c'était Au Litre d'Or. J. Hašek était certainement plus difficile à rencontrer puisqu'il dit avoir fréquenté plus de cent tavernes à travers toute la ville. Nous ne pourrions oublier enfin Bohumil Hrabal véritable pilier et mémoire vivante de la taverne Au Tigre d'Or désormais célèbre.

Il n'y a pas que les noms célèbres qui façonnent l'esprit des brasseries. Chaque taverne a ses stars, ses « palabreurs », ses « philosophes du demi » qui aident le client à étancher sa soif de connaissance et qui donne à chaque établissement sa personnalité.

Angelo Ripellino nous trace, le portrait type de ce personnage incontournable :

« Le farfelu pragois est possédé par un irréfrénable besoin de discourir, de se défouler en paroles, d'étourdir ses interlocuteurs sous un flot de bavardages. Hrabal l'a surnommé *pábitel* néologisme qui signifie à la fois hâbleur et fanfaron. Il s'agit généralement de pauvres types bousculés par les événements, d'*existences ternes* pour parler comme Neruda, de *perles des bas-fonds* pour parler comme Hrabal, qui trouvent leur consolation dans l'extravagance sonore des palabres, dans une espèce de logorrhée dont Švejk nous fournit de magnifiques exemples. J'ai moi-même connu un de ces rodomonts empressés de vous servir leur faconde : Pan Topol, un traîne-misère blondasse et pâlichon, extrêmement serviable, qui avait fait plusieurs métiers, depuis charbonnier jusqu'à l'accessoiriste dans un théâtre ; un faux ingénu aux yeux bleus, gourmand de bière comme le loriot de baies juteuses, qu'il arrosait d'un jus de choux pour atténuer les effets du houblon. Lorsqu'on l'appelait, il accourait l'air surpris, dansant de la pointe et du talon comme un Fred Astaire de province, et vous déversait un flot de plaisanteries et d'anecdotes, la plupart grivoises, sur ses coucheries avec des cabotines tétonnières et fessues. »

Angelo RIPELLINO
Praga Magica
Traduction de Jacques Michault-Paternó
Librairie Plon, 1993

Sorte « d'ami bidasse » façon austro-hongroise, le brave soldat Chvéïk, illustre héros de J. Hašek , avait établi son quartier général Au Calice – U Kalicha. *Juin 1914, l'archiduc François-Ferdinand vient d'être assassiné à Sarajevo. Nous sommes dans l'estaminet en compagnie de Bretschneider, agent discret de la police secrète, toujours à l'affût d'une conversation subversive ou d'un propos « hors norme » :*

« Déçu dans son attente, Bretschneider se tut et regarda autour de la salle vide.

Dans le temps, vous aviez ici un tableau représentant notre Empereur, reprit-il après un moment de silence ; il était accroché juste là, où il y a maintenant la glace.

– « Ça, vous avez raison, riposta le patron. Mais, comme les mouches chiaient dessus, je l'ai fait enlever et mettre au grenier.

Vous comprenez il vient du monde ici, et il pourrait arriver facilement qu'on fasse une réflexion désobligeante, et ça me vaudrait des emmerdements. Est-ce que j'en ai besoin, moi ?

– Il n'y a pas à dire, ça n'a pas dû être drôle, ce Saraïévo de malheur, Patron ?

À cette question qu'il sent brûlante, Palivec répondit évasivement :

À c'te époque-là, fit-il, il fait en Bosnie et en Herzégovine des chaleurs formidables. Quand j'y faisais mon service militaire, on mettait tous les jours de la glace sur la tête de notre colonel.

– Dans quel régiment avez-vous servi, patron ?

– Je ne me charge pas la mémoire avec des bêtises pareilles. Je ne me suis jamais occupé d'une telle foutaise et, du reste, je ne suis pas curieux à ce point là, répondit Palivec. Trop chercher nuit.

L'agent garda définitivement le silence. Son regard s'assombrit et ne s'illumina qu'à l'arrivée de M. Chvéïk qui en ouvrant la porte commanda tout de suite *une noire.*

À Vienne aussi, on est au noir aujourd'hui, ajouta-t-il.

Les yeux de Bretschneider s'allumèrent d'espoir. »

Jaroslav HAŠEK
Le brave soldat Chvéïk

Apollinaire, nous l'avons vu, imagine dans l'un de ses récit une rencontre entre le narrateur et Laquedem – le Juif Errant. Après avoir divagué toute la journée, les deux hommes cherchent quelque endroit accueillant pour se restaurer :

« La nuit descendait et les lumières naissaient sur la ville. Nous repassâmes la Moldau par un pont plus moderne :

– Il est l'heure de dîner, dit Laquedem, la marche excite l'appétit et je suis un gros mangeur.

Nous entrâmes dans une auberge où l'on faisait de la musique.

Il y avait là un violoniste ; un homme qui tenait le tambour, la grosse caisse et le triangle ; un troisième, qui touchait une sorte d'harmonium à deux petits claviers juxtaposés et placés sur soufflets. Ces trois musiciens faisaient un bruit du diable et accompagnaient fort bien le goulasch au paprika, les pommes de terre sautées mêlées de grains de cumin, le pain aux graines de pavot et la bière amère de Pilsen qu'on nous servit. Laquedem mangea debout en se promenant dans la salle. Les musiciens jouaient puis quêtaient. Pendant ce temps, la salle s'emplissait des voix gutturales de ses hôtes, tous Bohémiens à tête en boule, à face ronde, au nez en l'air. Laquedem parla délibérément. Je vis qu'il m'indiquait. On me regarda ; quelqu'un vint me serrer la main en disant :

Vivé la Frantzé ! »

Guillaume Apollinaire
Le Passant de Prague

Tandis que le premier Printemps de Prague Musical bat son plein, Armand sort du Loretto qui frémit encore des dernières mesures d'un opéra de Benda. Le héros du roman de Raymond Gérôme et les amis praguois qui l'accompagnent décident de se rendre dans une brasserie :

« Charlotte Szolozy et son ami Bessègue ne parvenaient pas à croire Beige, lorsqu'il leur avoua qu'il n'avait jamais mis les pieds à *U Fleků*.

– Mais c'est la brasserie la plus célèbre de Prague ! répétait la jolie femme, et elle poussait des éclats de rire. [...]

– C'est près du fleuve, sur la rive droite... Vous y êtes passé cent fois ! Il y a cette énorme horloge qui fait office d'enseigne, et qui est soutenue par une invraisemblable armature de fer forgé. C'est insensé : vous, un vieux Pragois, vous n'y êtes jamais allé ?... Mais c'est un des cœurs de la ville ! Ah ! je suis enchantée... Pour une fois que je puis vous faire découvrir quelque chose ! [...]

La brasserie était immense. On pouvait servir près de mille clients dans les jardins et dans la salle où l'on pénétrait par de grandes arches. Tout au fond, sur une estrade, un orchestre et des chanteurs comiques encourageaient la foule à taper des mains en cadence. Ceux qui, de loin, voulaient voir les contorsionnistes et les jongleurs malgré la distance et la fumée qui bleuissait l'air, grimpaient sur leurs bancs, et le pot de bière au poing, suivaient le spectacle, un pied sur la table nue pour assurer leur équilibre. Cela ne gênait en rien les dîneurs voisins qui dévoraient leur foie d'oie aux oignons à vingt centimètres des bottines lacées de cordons de couleur. À la rigueur, on les poussait un peu, pour caser les plats et les corbeilles de pain de seigle. Les puristes allaient jusqu'à poser une serviette à carreaux rouges sur le pied gênant, et tout était dit. »

Raymond GÉRÔME
Celui qui dormait dans Prague
Éditions Ramsay, 1991

CHAPITRE XII

PRAGUE ET LA MORT

Il semble que la mort ait toujours entretenu des relations particulières avec Prague puisqu'elle trône depuis plus de cinq siècles au-dessus de l'horloge astronomique en haut de la tour de l'hôtel de ville de Staré Město. À chaque tour de cadran, sereine, retournant d'une main le sablier fatal, elle tire de l'autre la chevillette, pour sonner chacune des heures qui nous rapproche inexorablement de son visage. De son côté, à l'hôtel de ville du quartier juif, l'horloge marche à l'envers, comme si le compte à rebours était déjà engagé ...

Dans le premier récit des Histoires praguoises, *Rilke nous parle admirablement de ces petits cimetières qui apparaissent comme autant de havres de paix nostalgiques et sereins :*

« Dans les cimetières pauvres où nul monument de marbre n'est décoré par la main habile de jardiniers artistes, voici comment les choses se passent : le printemps dans son innocence entre, et le cliquetis du portail rouillé est le dernier bruit qu'il entend. Il ne soupçonne pas où il se trouve. Mais il se plaît entre ces murs tranquilles, au-delà desquels la vie continue, et auprès de ces petits anges en terre cuite luisante, qui ont joint les mains et lui adressent leurs prières. Qui d'autre prieraient-ils ? De même pour les jeunes vents timides il n'y a pas de meilleur appui qu'une de ces croix le long desquelles, lorsqu'ils sont assez grands, ils peuvent s'étirer autant qu'il leur plaît. Et comme il s'y trouve malgré tout bien, le printemps, ici, grandit plus vite qu'ailleurs. »

Rainer Maria RILKE
Le Roi Bohusch in *Histoires praguoises*
Traduction de Maurice Betz
Éditions du Seuil, 1966

Contrairement à Franz, son amant genevois, Sabina aime le mot cimetière qui sonne comme le souvenir nostalgique du pays natal. Kundera, à travers Sabina, nous parle de cette sorte de fascination pour ses petits cimetières :

« Les cimetières de Bohême ressemblent à des jardins. Les tombes sont recouvertes de gazons et de fleurs de couleurs vives. D'humbles monuments se cachent dans la verdure du feuillage. Le soir, le cimetière est plein de petits cierges allumés, on croirait que les morts sont innocents comme les enfants. Aussi cruelle que fût la vie, au cimetière régnait toujours la paix. Même pendant la guerre, sous Hitler, sous Staline, sous toutes les occupations. Quand elle se sentait triste, elle prenait sa voiture pour aller loin de Prague se promener dans un de ses cimetières préférés. Ces cimetières de campagne sur fond bleuté de collines étaient beaux comme une berceuse.

Pour Franz, un cimetière n'est qu'une immonde décharge d'ossements et de pierraille. »

Milan KUNDERA
L'insoutenable légèreté de l'être
Traduction de François Kérel
Éditions Gallimard, 1984

Dans la galerie de portraits des trépassés célèbres, Jean Népomucène est certainement l'un des plus mythiques, puisqu'il représente le symbole même de la victoire glorieuse du Catholicisme sur la Réforme. L'histoire nous apprend qu'en 1393, Jean Népomucène, confesseur de la reine aurait été précipité dans les eaux tumultueuses de la Vltava sur ordre du roi Wenceslas IV. Ne voulant pas trahir les secrets de la confession il refusa de révéler les propos qu'il avait échangés avec la reine. Au moment où le prêtre fut balancé par-dessus le pont, on vit, dit-on, cinq étoiles resplendissantes à la surface du fleuve avant de disparaître dans les flots : « on aurait vu une quantité innombrable de lueurs claires, comme si le feu, courant au fil de l'eau, avait fait sa paix avec elle. »[39] *On rapporte que plusieurs siècles après sa mort, sa langue fut retrouvée intacte.*

Claudel s'inspira de cette histoire pour l'un de ses poèmes :

« Là-bas, sous le vieux moulin, quelle est cette vague lumière ?
C'est le corps de Jean l'entêté qu'on a jeté dans la rivière.
La lune délicieuse éclaire la nuit de Mai !
Cinq étoiles au ras de l'eau indiquent la place où il est.
Il flotte, retenu par un pieu, et roule au gré du courant,
Pour n'avoir pas voulu révéler au tyran
Ce qu'une femme lui a dit au confessionnal.
Les bras en croix, retenu par le surplis sacerdotal,
Il roule sur le dos, tout brillant dans l'eau rapide.
Les grands nuages lents traversent le ciel splendide.
Tout se donne à la nuit et tout croit à l'été !
C'est le milieu de Mai ! Là-haut dans le jardin du meunier ?
Un petit arbre tout blanc éclate dans le clair de lune.
Les voix du quartier juif se taisent une à une.
Une femme chante, puis se tait. Le dormeur

Entend bien loin sur le pont la voix de son chien qui pleure.
Ah, que le monde est loin maintenant ! À Jamais
Voici la vie enfin surmontée par la paix !
Plus puissant que jadis la cloche Sigismonde,
L'astre étrange des nuits se mêle à l'eau qui gronde.
De quel flots, ciel ou fleuve encore, est-il l'épave ?
On dirait qu'à leur bruit se mêlent des mots slaves,
Comme d'une femme tout bas qui sanglote et qui murmure.
Sa ville autour de lui, toit sur toit, mur à mur
Jusqu'au Château Royal s'étage vers l'azur.
Il voit sur lui, Matière absorbée par la Forme,
Du triple Ciel s'ouvrir les passages énormes,
Et tout là-haut, central, immense et tout petit,
Entre les bras du Père Éternel, Jésus-Christ.

Paul CLAUDEL
Saint Jean Népomucène extrait de *Corona Benignitatis Anni Dei* in *Œuvre poétique*
Éditions Gallimard, 1957

L'un des événements les plus symboliques de l'histoire de Prague c'est évidemment la journée funeste du 21 juin 1621. Ce jour là, 27 seigneurs tchèques furent exécutés en public pour avoir mené la révolte contre la couronne des Habsbourgs.

Rodolphe II avait amené le siège de l'Empire à Prague et avait favorisé la réforme catholique tout en accordant une liberté de culte à la Bohême. Son frère Mathias II, qui lui succéda, ramena le pouvoir à Vienne et tenta de supprimer la liberté de culte en Bohême. La fermeture soudaine du grand temple dans la capitale conduisit à la révolte des seigneurs praguois, laquelle amena la célèbre défenestration de Prague (1618), à l'origine de la Guerre de Trente Ans amorcée en 1620, par la défaite de la Montagne Blanche (Bilá Hora).

J. S. Machar, dans un poème qui apparaît presque comme un reportage poétique, nous fait revivre cette macabre journée. Il reconstitue le récit imaginaire du bourreau à sa femme :

« Quel travail, ma Lida ! Elles m'ont essoufflé comme un chien
et fatigué comme une bête de somme,
ces exécutions ! Depuis l'aube
jusqu'à ce moment de la soirée, je n'ai pas eu
le moindre instant de répit ; j'ai toujours été sur pieds,
et c'est tout juste si j'ai pu manger un morceau au cours du travail.
Encore heureux qu'il soit, de la nuit passée,
resté un peu de fraîcheur dans l'air ;
on a, malgré cela, le gosier sec... Envoie la servante
à la *Grenouille Verte* chercher une canette,
ou plutôt non, qu'elle en apporte deux : l'autre sera pour mes aides ;
Ils se sont démenés aujourd'hui... Ils sont en train,
sur les bords de la Vltava, de laver la charrette de ses taches de sang.
Nous avons tous, aujourd'hui, bien gagné
de boire un bon coup... Monsieur le Prévôt impérial
de la Ville Neuve m'a bienveillamment assuré
que l'habileté de ce travail sera
portée à la connaissance du prince, pour qu'elle soit récompensée
par un salaire supérieur au salaire habituel.
J'ai l'intention de lui compter cinq cents écus ;
S'il m'en donne davantage, que Dieu lui rende !
Je fixerai cinq cents écus... je peux bien aller jusque-là, ma Lida :

J'ai abattu vingt-quatre têtes aujourd'hui,
et chaque fois d'un seul coup, sans coup de grâce ;
de plus, j'ai procédé à trois écartèlement, doucement, proprement
comme s'il s'était agi de bûchette, ... vingt-sept opérations...
[...] Les exécutions étaient terminées au moment où le soleil
se trouvait au-dessus de nos têtes. Messieurs les prévôts
et les magistrats s'empressèrent d'aller se mettre à table
Quant à moi, il m'a fallu transporter le corps de Jesensky
jusqu'à l'échafaud de la Porte aux Chevaux,
pour l'y écarteler et en attacher les lambeaux à la roue.
Ensuite, j'ai dû revenir à l'estrade
faire mettre les têtes des douze seigneurs dans des hottes.
puis aller avec mes aides à la tour de la Cité.
Elles sont accrochées le long de la corniche... on les voit de notre fenêtre.
Il y en a six du côté de Malá Strana ;
six du côté de l'église du Sauveur. Au-dessus de la plus éloignée
(c'est celle de Schlik), tu aperçois une main droite ;
l'autre à côté, elle aussi avec une main droite
c'est celle de Hauenschildt. On a placé au sommet de la tête
de Maître Jesensky la langue qu'on lui avait tranchée ;
c'est la troisième du coin
en regardant de ce côté... »

Josef Svatopluk MACHAR
La Journée du 21 Juin 1621 in Jules CHOPIN, *Veillées de Bohême*

CHAPITRE XIII

Le concerto de Prague

La musique occupe une part importante de la vie praguoise. Ne dit-on pas que « tout Tchèque naît avec un violon sous l'oreiller » ? Mais Prague fière de sa culture et héritière de ses traditions séculaires hésite entre musique populaire et musique classique.

Bohumil Hrabal se retrouve lui-même acteur de cette contradiction. Nous le retrouvons une nouvelle fois à faire « l'ouvreur » dans les jardins Wallenstein. Il nous conte cette fois-ci une scène truculente de la vie musicale praguoise dont il a le secret.

Dressons le décor : d'un côté les jardins du palais avec un orchestre symphonique, de l'autre la brasserie U Sv. Tomáše (le Saint-Thomas) et son orphéon populaire ; au milieu un haut mur mitoyen sépare les deux univers :

« Valdstejn a eu bien raison de faire construire un mur aussi haut, on dirait qu'il savait d'avance que la nation tchèque allait être divisée. Moi, pour ma part, je n'étais pas divisé du tout, j'étais à fond du côté de la musique symphonique et, pendant les concerts, je me surprenais souvent à m'imaginer montant sur une échelle, escaladant le mur, assez fort pour frapper les clients et l'orphéon jusqu'à ce qu'ils s'évanouissent tous. Voilà la noble idée que je me faisais de mes devoirs jusqu'au jour d'aujourd'hui où je sentais déjà au creux des reins que le gouvernail de mes opinions avait viré de bord et qu'il allait sûrement se passer quelques chose. En effet, lorsque arriva le chef d'orchestre, qu'il donna un coup de baguette sur le pupitre et que le silence se fit, l'orphéon de M. Polát attaqua un galop endiablé. Les musiciens de l'orchestre levèrent des yeux de martyr vers les couronnes bruissantes des arbres centenaires. Après quoi, il ne leur restait plus qu'à relever le défi de l'orphéon de M. Polát, au tour de l'orchestre symphonique d'aller fouiner dans le jardin fleuri de la brasserie Saint-Thomas. Lorsque commença la *Symphonie Pathétique,* le chef d'orchestre se mit à la gouverner comme un grand prêtre, mais moi, j'entendais l'orphéon de M. Polát non pas comme un ennemi, mais comme un allié, cet orphéon se mariait à la *Pathétique* comme s'ils avaient formé un seul corps, comme s'ils faisaient partie l'un de l'autre, comme s'ils étaient du même compositeur... pour la première fois, je me dis que les gens de l'autre côté du mur étaient aussi des êtres humains, pas des espèces de vandales, mais des hommes vivants à leur façon avec leur bonne bière et l'orphéon qu'ils aimaient sans doute autant que moi j'aimais l'orchestre symphonique de la ville de Prague ? En somme, le dérangement était réciproque et pas seulement de leur fait. J'entendais *Le Pas des Patineurs,* la populaire valse de Waldteufel[40], escalader le mur et donner un bécot à la *Pathétique,* personne ne pouvait l'empêcher à moins d'interdire une musique aux dépens de l'autre – ou alors, il aurait fallu prendre exemple sur moi, apprendre à tout écouter en même temps, mais ça demande de la patience. »

Bohumil Hrabal
Vends maison où je ne veux plus vivre
Traduction de Claudia Ancelot
Éditions Robert Laffont, 1989

On peut dire que l'avènement de la musique tchèque apparut sous le règne de Jean de Luxembourg[41] *grâce à Guillaume de Machault (1300-1377). Chroniqueur, compositeur et* secretarius *du roi de Bohême, il fut l'un des plus grand promoteur de l'Ars Nova. Plus tard, Jan Hus amènera ses réformes dans la musique religieuse en simplifiant les mélodies liturgiques pour leur donner une assise plus populaire. Ce sont les Moraves qui publient les premiers cantiques du culte protestant. Jan Josquin publie en 1560 un manuel de vulgarisation afin de développer le goût de la musique chez le peuple. Côté catholique, le chanoine Rozenplut tentera de rassembler tous les chants populaires de Bohême.*

Milan Kundera[42]*, qui a toujours gardé des liens privilégiés avec l'univers musical, nous donne une explication sur les origines populaires de la musique tchèque qui pour lui se présente comme une danseuse orientale qui exécuterait la danse des sept voiles :*

« Quand tu te trouves face à toute notre musique populaire, c'est comme si sous tes yeux dansait la femme des *Mille et Une Nuits* et qu'elle jette successivement voile après voile.

Regarde ! Le premier voile. L'étoffe en est imprimée de motifs triviaux. Il s'agit des plus jeunes chansons, des cinquante, des soixante-dix dernières années. Elles sont arrivées de l'ouest, de la Bohême. Les instituteurs les apprenaient aux enfants de nos écoles. La plupart sont en majeur, seulement un peu adaptées à nos habitudes rythmiques.

Mais voici le deuxième voile. Déjà nettement plus haut en couleur. Ces chants sont d'origine hongroise. Ils accompagnaient l'expansion de la langue magyare. Des orchestres tziganes les répandirent au XIXe siècle. Des csardas et des refrains de conscrits.

Quand la danseuse s'est dépouillée de ce voile-là, le suivant apparaît. Les chansons des Slaves autochtones, XVIII et XVIIe siècle.

Mais le quatrième voile est encore plus beau. Ce sont des chants qui remontent au XIVe siècle. En ce temps-là pérégrinaient chez nous, par les crêtes des Carpates, des Valaques venus du sud-est. Des bergers. Leurs pastourelles et leurs chants de brigands ignorent tout des accords et des harmonies. Ils sont conçus d'une façon purement mélodique. Des tonalités archaïques déterminées par les instruments, syrinx et chalumeaux.

Ce voile enfin tombé, il n'y en a plus d'autre en dessous. La femme danse toute nue. Les airs les plus anciens. Nés dans les temps du paganisme. Ils reposent sur le plus antique système de la pensée musicale. Sur le système de quatre notes, le tétracorde. Chants de la fenaison. Chants de la moisson. Chants liés aux rites du hameau patriarcal. »

Milan KUNDERA
La Plaisanterie
Traduction de Marcel Aymonin & Claude Courtot
Éditions Gallimard, 1968

Au XVIIIe siècle, Bohuslav Černohorský fut le meilleur défenseur de la musique baroque de Bohême avec Biber, Zelenka et Mysliveček, si apprécié en Italie qu'on le surnomma il divino Boemo. *Rappelons que Mozart aimait particulièrement Prague qui lui réservait toujours un meilleur accueil que Vienne. Il fit donner d'ailleurs la première de son* Don Juan *au Théâtre Týn, opéra qu'il dédia* à ses *« chers Praguois bien-aimés ». C'est pourtant le XIXe siècle qui amena les plus grandes gloires musicales tchèques avec Bedřich Smetana, Antonín Dvořak et Leoš Janáček puis plus tard, Bohuslav Martinů.*

Dans une brillante nouvelle de Karel apek-Chod[43] – Le Concerto de Mendelssohn, *Vojtěch est un jeune violoniste virtuose, promu au plus grand avenir. Il joue sur un Guarnerius hérité de son oncle. Mais voici qu'au moment d'accéder à la célébrité, en plein concerto pour violon sur la scène du Rudolphinum, il rate un accord. Le monde s'écroule, pris de panique, il grimpe dans un fiacre et s'enfuit comme un fou. Arrivé chez lui, ses souvenirs d'enfance lui reviennent en tête, lorsque « les larmes emplissaient ses yeux aux premiers accords de la chaconne de Vitali que jouait son père sur le violon de son oncle » :*

« En repassant dans son esprit tous ces souvenirs, il entendait distinctement le début traînant de la mélodie qu'il avait jouée comme offertoire le jour où, pour la première fois, il avait tenu dans ses mains le Guarnerius magique et il était obligé de la jouer en lui-même fortissimo, afin d'étouffer l'autre motif qui le hantait, celui qu'il avait joué de ses doigts, avec son archet, sur le violon de son oncle, cinq heures auparavant, à Prague, dans la salle de concert du Rudolphinum.

Pour écarter ce souvenir récent comme une blessure encore saignante, il s'efforçait d'évoquer la chacone avec la force du tonnerre ; mais il entendait avec effroi le deuxième motif qui, de plus en plus, dominait la première mélodie.

Pendant que Vojtěch cherchait à s'endormir, deux mélodies qui, malgré leur tonalité différentes, se pénétraient et se confondaient, livraient dans son cœur une bataille étrange et ardente : c'était la Chaconne de Vitali et les arpèges du concerto pour violon en mi de Mendelssohn, dont la cadence brillante avec le motif de harpe résonnait à l'oreille de Vojtěch comme le bruit de l'enfer. Dans cette bataille, l'arpège avait pour allié non seulement l'oreille intérieure de Vojtěch, mais encore des sons réels. Du coussin bien bourré de crin et un peu aplati par l'usage, sur lequel il était couché, sortaient des sons minces et aigus produits par la tête de Vojtěch qui, sans cesse, se retournant d'un côté sur l'autre. Dans son imagination surexcitée, Vojtěch croyait entendre un passage du concerto de Mendelssohn où, pendant une pause de l'orchestre, le violon imite par des arpèges staccato fort difficiles le jeu de la Harpe.

Avec une netteté et une pureté surprenantes, ces accords brisés résonnaient de plus en plus vite sur son violon sonore, en diminuant jusqu'au pianissimo prescrit – il y avait un bon moment que Vitali s'était tu pour faire place à Mendelssohn – et il n'était plus loin du passage fatal, du passage qui avait causé la catastrophe : soudain, le poignet de sa main droite s'était raidi comme du bois, si bien que, s'arrêtant net, il avait manqué l'arpège et l'accord et perdu la mémoire. Finalement l'archet avait glissé de sa main et était tombé par terre sur la scène du Rudolphinum ! »

Karel ČAPEK-CHOD
Le Concerto de Mendelssohn in *La Revue Française de Prague* n° 30, Mai 1927
Traduction N. Schlochow

En Bohême, la musique est également devenue le symbole d'une fierté nationale et de l'appartenance slave. C'est ainsi que depuis le 26 mai 1947, le Printemps de Prague, vaste manifestation musicale de la capitale, débute toujours par l'œuvre de Smetana la plus célèbre au cœur des Praguois : Má Vlast *(*Ma Patrie*).*

Retrouvons Bohumil Hrabal dans ses fonctions d'ouvreur qui lui ont apporté tant de sources d'inspiration. Retrouvons-le, cette fois-ci, debout, à l'entrée des jardins Ledeburg. Le concert va débuter :

« [...] je contrôlais les billets de méditatifs amateurs de quatuor que je conduisais à leur place – les quatuors attirent un public d'élite, des êtres au visage soucieux et ravagé, des jeunes filles dont on peut parier qu'elles reviendront du concert avec un polichinelle dans le tiroir, car après un vrai quatuor, on est sans défense. Lorsque commença le quatuor sur les terrasses du palais Ledeburk, j'allai m'installer tout en haut des dernières marches sur une murette de pierre, j'étais entouré de statues, je croisai les jambes, j'appuyai le menton dans une main pour suivre la bataille entre les instruments. Pour moi, un vrai quatuor, c'est toujours comme un duel, parfois comme une rixe à l'auberge, une bagarre sur le marché, une lutte à la vie et à la mort, pendant toutes ces années j'ai appris à voir dans un quatuor des histoires et des événements – tout cela pour me distraire un peu sans quitter le public du regard au cas où quelqu'un tomberait évanoui ou se mettait à déranger ses voisins. Mais ce jour-là, alors que le quatuor touchait à sa fin et qu'on pouvait parier que le violoncelle allait être battu à plate couture tant les violons lui avaient raclé les os, tant ils s'étaient payé sa tête – peut-être faut-il toujours que les premiers violons gagnent la partie parce qu'ils restent un peu à l'écart comme lorsque trois types se disputent et que le quatrième en profite –, tout ça se voyait sur le public, ils avaient presque tous rapetissé, ils voûtaient le dos et se tenaient les gencives comme s'ils avaient mal aux dents, alors un petit bonhomme assis tout devant s'est levé et s'est mis à marcher à reculons entre les rangées, mon expérience m'a dit aussitôt que ça devait être un campagnard qui avait peur de rater le dernier train ou le bus. »

Bohumil HRABAL
Vends maison où je ne veux plus vivre
Traduction de Claudia Ancelot
Éditions Robert Laffont, 1989

Pour Kafka en revanche, la musique a quelque chose de mystérieux qui l'attire mais qu'il ne comprend pas. Le chant de Joséphine la cantatrice lui paraît sublime mais il ne se sent aucune disposition pour l'art musical :

« Notre cantatrice s'appelle Joséphine. Qui ne l'a pas entendue ne sait pas ce que c'est que la puissance du chant. Il n'est personne que son chant ne bouleverse, et c'est d'autant plus appréciable que, dans l'ensemble, notre race n'aime pas la musique. C'est la paix silencieuse qui est notre musique préférée ; nous avons une existence difficile et, même une fois dégagés quelque peu de tous nos soucis quotidiens, nous ne saurions nous élever à des choses aussi éloignées du reste de notre vie que la musique. Cependant, nous ne nous en plaignons guère ; nous n'en sommes même pas là ; une certaine astuce d'ordre pratique, dont à vrai dire nous n'avons d'ailleurs le plus urgent besoin, nous paraît être notre plus grande qualité, et le sourire de cette astuce nous sert d'ordinaire à nous accommoder de tout, même s'il devait nous arriver – ce qui n'est pas le cas – d'éprouver le désir de ce bonheur qui émane peut-être de la musique. Seule Joséphine fait exception ; elle aime la musique et sait aussi la communiquer ; elle est la seule ; le jour où elle ne sera plus, la musique – qui sait pour combien de temps ? – disparaîtra de notre vie. »

Franz Kafka
Joséphine la Cantatrice[44]
Traduction de Bernard Lortholary
Éditions Flammarion, 1993

Notes

1) Page 5 : Jean Piel, *Prague : Un Carrefour, un Pont,* Critique, Tome XLIII, n° 483-484.

2) Page 5 : Arcimboldo Giusepe (1527-1593) Peintre milanais célèbre par ses « podoby » – visages, têtes composées faites de végétaux. Il travailla à la cour des Habsbourg et notamment pour Rodolphe II.

3) Page 7 : André Breton, Introduction à l'œuvre de Maria C. Toyen, Éditions Sokolova, Paris, 1953.

4) Page 11 : *La chronique de Kosmas* (*Chronica Bohemoum* 1119-1125) est conservée au musée du couvent de Strahov, à Prague.

5) Page 25 : Tomáš Garrigue Masaryk fut élu en 1918, président de la première République tchécoslovaque.

6) Page 25 : Jan Amos Komenský dit Comenius (1592-1670), écrivain et humaniste tchèque, il fut l'un des fondateur de la pédagogie.

7) Page 29 : Jaroslav Seifert, *Le Château de Prague,* Éditions Seghers, 1984.

8) Page 31 : « Pourquoi ? Pourquoi êtes-vous venus ici ? »

9) Page 35 : Les Français utilisent volontiers le nom allemand de « Moldau » ou « Moldaw » pour désigner le fleuve qui traverse Prague. Il est usité par certains auteurs germanophones tels que Kafka ou Rilke mais les Praguois emploient toujours le nom tchèque de « Vltava ».

10) Page 37 : Prononcez « Tchèque ».
11) Page 43 : Radio Prague, émission hebdomadaire de Václav Richter : « Rencontres Littéraires », avril 1998.
12) Page 47 : Charles X et sa petite cour vivent alors en exil au château de Hradschin depuis sept mois ; il y demeurera jusqu'en 1836.
13) Page 47 : Le duc de Blacas d'Aulps faisait fonction de Premier ministre auprès de Charles X.
14) Page 47 : Dans Lázeňská, quartier de Malá Strana, à deux pas de l'ambassade de France.
15) Page 50 : Pavel Josef Šafařík (1795-1861), philologue spécialiste de la culture slave.
16) Page 50 : Jan Žižka (1375-1424), héros hussite qui combattit les catholiques et participa à la bataille d'Azincourt au côté de l'Anglais. Chef du mouvement hussite à la mort du fondateur.
17) Page 61 : On se rappelle que, au début de ce siècle, la Bohême dépendait de la couronne austro-hongroise.
18) Page 66 : Rodin se rendit à Prague en 1902, pour l'inauguration d'une exposition qui lui était consacrée dans le pavillon Mánes, construit pour l'occasion dans les jardins Kinsky.
19) Page 69 : Martin Razus, Slovaque, militera pour l'indépendance de la Slovaquie. On notera également ses virulentes prises de position antisémites.
20) Page 70 : Angelo Ripellino, *Praga Magica,* Op. cit.
21) Page 77 : L'ambassade de France voisine se trouve au palais Buquoy-Waldštejn.
22) Page 77 : Accès par Karmelitská n° 373.
23) Page 78 : Puissant chef militaire qui, bien que protestant, soutint l'Empereur durant la Contre-Réforme, avant de trahir encore au profit des Suédois. Sa vie inspira la célèbre trilogie de Schiller.

24) Page 79 : Entrée par le n° 12 de Valdstejnská.
25) Page 82 : Le palais abrite l'ambassade d'Allemagne.
26) Page 82 : À ne pas confondre avec le palais Golz-Kinský dans la Vieille-Ville (Staré Mesto).
27) Page 82 : J. Arbes est l'inventeur d'un genre littéraire nouveau qu'il appelle « romanetto », sorte de nouvelle fantastique.
28) Page 85 : Également désigné quelquefois sous son nom germanique : « Hradschin ».
29) Page 88 : Le pont Charles ou pont de Pierre.
30) Page 88 : C'est-à-dire la cathédrale de saint-Guy : Katedralá Sv. Víta.
31) Page 89 : La place du Château-Royal.
32) Page 95 : Carmélites deschaux.
33) Page 103 : Tycho Brahé (1546-1601), grand astrologue danois avait perdu son nez au cours d'un duel. Il portait une prothèse d'argent. Sa mort reste mystérieuse. On raconte qu'il mourut au cours d'un banquet en présence de l'Empereur. N'osant s'absenter pour satisfaire à un besoin naturel, il mourut, dit-on, terrassé par l'éclatement de sa vessie.
34) Page 107 : Également appelé « Josefstadt » ; « Zidovské Město » ou « Pátá Čtvrt » (le Cinquième Quartier).
35) Page 110 : Gustav Janouch, *Conversation avec Kafka,* M. Nadeau, éd., 1989.
36) Page 110 : Max Brod, *Franz Kafka : Souvenirs et Documents,* Éditions Gallimard, 1945.
37) Page 119 : Petr Pithart, in *Autrement : Prague, Heurts et Malheurs des Statues.*
38) Page 123 : Josef Jirí Kolár, *Pekla Zplozenci* (Progéniture Infernale), Prague, 1862.
39) Page 140 : B. Balbin, *Vita B. Joannis Nepomuceni Martyris,* 1681 in A. Ripellino, op. cit.

40) Page 148 : Émile Waldteufel (1837-1915). Compositeur français, né à Strasbourg. Spécialiste de la valse, il fut le pianiste personnel de l'impératrice Eugénie.
41) Page 149 : Jean Ier de Luxembourg (1296-1346) Roi de Bohême, bien qu'aveugle, il participa à la bataille de Crécy où il mourut.
42) Page 149 : M. Kundera né à Brno n'est pas natif de Bohême mais de Moravie.
43) Page 151 : Karel Čapek-Chod (1860-1927) ; confusion possible avec l'auteur de *La Guerre des Salamandres,* Karel Capek (1890-1938).
44) Page 155 : C'est le dernier récit que rédigea F. Kafka.

Petit répertoire praguois

AMIEL Henri-Frédéric (1821-1881)

Écrivain suisse né à Genève d'une famille calviniste. À 20 ans, il part en Italie avant de « faire ses universités » en Allemagne. Il obtient en 1849 une chaire de philosophie à l'université de Genève. Il laisse une énorme correspondance de 17 000 pages à laquelle il travailla durant 34 ans et qui en fait l'un des grands moralistes du XIXe siècle.

APOLLINAIRE Guillaume (1880-1918)

Né d'un père camériste au Vatican et d'une mère polonaise. Il fut l'ami de Marie Laurencin et fréquenta Jarry, Picasso, Derain et Vlaminck. Après avoir visité l'Allemagne et l'Autriche, il arrive à Prague en 1902. Ce voyage lui inspirera son célèbre *Passant de Prague* : récit initiatique et fantastique dans lequel l'auteur se met en scène pour visiter la ville en compagnie du « Juif Errant », Isaac Laquedem.

ARBES Jakub (1840-1914)

Né dans les faubourgs de Prague, il initie le roman social tchèque et sera le créateur d'une forme littéraire nouvelle qu'il appelle « romanetto » – sorte de nouvelle fantastique utilisant un argument scientifique qui rappelle la manière de Jules Verne.

AUBIGNÉ Agrippa d' (1552-1630)

Écrivain calviniste né en Saintonge. Au service du futur Henri IV, il échappe au massacre de la Saint-Barthélémy et luttera toute sa vie contre les persécutions catholiques. Admirateur de Jean Hus, il soutient le combat des « Ultraquistes » de Bohême. Il meurt en exil à Genève.

BRECHT Bertold (1898-1956)

Dramaturge et poète allemand né à Augsbourg, il sera également un théoricien du théâtre. Il s'exile aux États-Unis dès l'avènement d'Hitler pour ne revenir qu'en 1948. Il laisse une œuvre théâtrale et poétique considérable ainsi qu'un recueil de « chansons » parmi lesquelles celles de *L'Opéra de Quat' Sous* adaptées du *Beggar's Opera* de John Gay.

CAMUS Albert (1913-1960)

En août 1936, Camus arrive à Prague malade et complètement déprimé. Il vient de rompre avec sa femme Simone. Presque sans argent, il attend 4 jours l'arrivée de son ami Yves Bourgeois. C'est dans son premier roman *L'Envers et l'Endroit,* paru à Alger en 1937, qu'il raconte son bref séjour à Prague.

ČAPEK-CHOD Karel (1860-1927)

Né à Domažlice. D'abord journaliste à « Národni Listy », c'est à la cinquantaine qu'il publie son premier roman. Avec une écriture puissante, il aime analyser longuement ses personnages à l'intérieur de leur milieu social à la façon d'une vaste fresque de la condition humaine. Il reste une figure marquante du naturalisme tchèque.

CHATEAUBRIAND François René de (1768-1848)

Par deux fois, en 1833, Chateaubriand viendra à Prague, auprès de Charles X exilé, afin de plaider la cause de la duchesse de Berry. Belle-fille du roi et jeune veuve, la duchesse est partie en Provence puis en Vendée pour fomenter un soulèvement contre Louis-Philippe au nom de son fils le duc de Chambord. Elle se retrouve emprisonnée dans la citadelle de Blaye. Pour comble, elle est enceinte après avoir prétendument épousé en secret un certain conte napolitain. La mission de Chateaubriand sera d'obtenir le pardon de Charles X et d'obtenir que la duchesse conserve ses rang et titres.

CHATWIN Bruce (1940-1989)

Fils d'un officier de la Royal Navy, il naît à Sheffield. D'abord expert de l'Impressionisme à Sotheby, il entre au « Sunday Times » comme grand reporter et ne cessera plus désormais de parcourir le monde. Son premier ouvrage *En Patagonie* sera un succès immédiat cependant, son roman le plus achevé restera *Utz,* dont l'action se passe à Prague et qu'il terminera quelques mois avant sa mort.

CLAUDEL Paul (1868-1955)

Il entre dans la carrière diplomatique à partir de 1893. Rentrant d'une mission à T'ien-Tsin, il s'installe à Prague le 7 décembre 1909 et croisera Kafka. Il repartira à Francfort deux ans plus tard. Fort de sa foi catholique, il est séduit par l'architecture baroque de Prague et laissera dans son œuvre poétique quelques-unes de ses plus belles pages à travers ses *Images Saintes de Bohême.*

FERNANDEZ Dominique (1929)

Il découvre l'Italie en 1950 et ce sera le début d'une passion de l'auteur pour ce pays. Enseignant à l'Institut français de Naples, il présentera une thèse de littérature italienne. *Le Banquet des Anges* nous fait découvrir le « croissant » baroque de l'Europe entre Rome et Prague. Il s'intéresse encore à la peinture, l'architecture et l'opéra – il écrira un livret, et obtient le Goncourt en 1982 avec *La Main de l'Ange.*

GÉRÔME Raymond (1920)

Né à Bruxelles, il arrive à Paris en 1953. Homme universel du spectacle, à la fois comédien, metteur en scène, dramaturge et même décorateur et costumier, Raymond Gérôme se révèle également homme de lettres. Dans son premier roman, il nous livre une description attentive de Prague en 1947, c'est le premier Printemps de Prague musical.

GIDE André (1869-1951)

Né à Paris d'une famille protestante, il rencontre très jeune Mallarmé, Valéry et P. Louys. Il balancera toute sa vie entre son austérité naturelle *(La Porte Étroite)* et la sensualité qui se révèle à lui *Les Nourritures Terrestres.* En 1908, il fonde avec Copeau *La Nouvelle Revue Française*, lien qu'il rompra sous l'Occupation lorsque la revue sera dirigée par Drieu La Rochelle. En 1926, il part au Congo et dénonce le colonialisme. Un peu plus tard, il fustige le capitalisme et s'engoue pour le régime soviétique. C'est ainsi qu'il visitera Moscou et, au cours de l'été 1934, Prague qui lui inspirera une adaptation théâtrale du *Procès* de Kafka. Il obtient le Prix Nobel de littérature en 1950.

HAŠEK Jaroslav (1883-1923)
Écrivain et journaliste de tendance anarchiste, né à Prague. Enrôlé dans l'armée autrichienne, il rejoignit l'armée rouge en 1918. On lui doit le personnage universel du brave soldat Chvéïk qui en obéissant à la lettre à tous les règlements tourne toute la société en ridicule et donne de la guerre une image de bouffonnerie grotesque.

HOLAN Vladimír (1905-1980)
Poète du tragique et admirateur de Mallarmé, il dénoncera l'occupation germanique avant de louer avec ardeur la libération soviétique de Prague. Condamnant attaquant ensuite le Stalinisme il fut interdit de publication et, ne sortant que la nuit, il resta reclus dans le silence de son appartement de l'île de Kampa pendant près de quinze ans. *Mozartiana* et *Une nuit avec Hamlett* resteront parmi ses œuvres les plus marquantes de ce poète mythique de Prague, pour beaucoup le plus grand de ses contemporains.

HRABAL Bohumil (1914-1997)
Né à Brno, il demeure le chantre de l'humour praguois. Ces textes, jaillissant de facétie et de malice, procèdent le plus souvent de « collages » successifs qui donnent à ses écrits une coloration tout à fait personnelle. Docteur en droit, il exercera pourtant mille petits métiers et attendra la déstalinisation pour publier ses premiers écrits. Il meurt à l'image de ses romans en « s'envolant » de la fenêtre du septième étage de l'hôpital.

JAMEK Václav (1949)
Il fait ses études secondaires au lycée Carnot de Dijon grâce à une bourse d'échange franco-tchèque avant de rejoindre

l'université de Prague. Il obtient le prix Médicis en 1989 avec *Traité des Courtes Merveilles* écrit en français. Il fut également le conseiller culturel de l'ambassade tchèque à Paris.

JIRÁSEK Aloïs (1851-1930)

Nouvelliste et romancier, né en Bohême du Nord, il exalte les valeurs patriotiques du peuple. Créateur dans son pays du roman historique il reconstituera les contes et légendes de la Bohême avec un sens aigu du détail. Fustigeant l'autorité autrichienne sur la Bohême, il fut à l'origine du manifeste de 1917 adressé aux représentants du parlement tchèque en les exhortant à soutenir la cause du peuple contre Vienne.

KAFKA Franz (1883-1924)

Écrivain de langue allemande. Né à Prague de parents juifs, il mourra dans un sanatorium des environs de Vienne. C'est son ami Max Brod qui, passant outre ses dernières volontés, décida de ne pas détruire ses manuscrits et les faire publier. Son œuvre, aussi essentielle dans la littérature de son pays que dans le roman moderne, sera pourtant interdite en Tchécoslovaquie jusqu'en 1963.

KARÁSEK ZE LVOVIC JIŘÍ (1871-1951)

C'est l'une des figures les plus significatives du mouvement décadent tchèque empreint de naturalisme et d'une atmosphère esthétisante et nostalgique, refusant les émotions, caractéristiques de cette époque. Il fonde avec Procházka la « Moderní Revue ».

KUNDERA Milan (1929)

Né à Brno, Moravie, d'un père pianiste, il devient français en 1981. Il rejoint Prague en 1948 pour des études à l'institut cinématographique où il enseignera plus tard. Il publie sa première nouvelle en 1958 mais c'est en 1965 qu'il connaîtra la notoriété avec *La Plaisanterie.* Après l'invasion russe de 1968, ses livres sont interdits. Il rejoint donc la France en 1975 et publiera désormais en français avec notamment *L'insoutenable légèreté de l'être* (1984) et *L'Immortalité.* Il enseignera d'abord à l'université de Rennes puis à Paris.

LONDON Artur (1915)

Né à Ostrava, il adhère à 14 ans aux Jeunesses Communistes, il s'engage en 1936 dans les brigades internationales contre Franco. Déporté à Mauthausen en 1944. Vice-ministre des affaires étrangères dans les années 50, il est victime d'un procès stalinien. Son arrestation et ses interrogatoires sous la torture seront décrits dans *L'Aveu* adapté à l'écran par Costa-Gavras dans lequel Yves Montand incarne l'écrivain.

MACHAR Josef Svatopluk (1864-1942)

Né à Kolin, il porte sur la société de son temps un regard désabusé et quelquefois cynique pour dépeindre la grisaille du quotidien. Se sentant profondément tchèque, il s'élève contre la domination autrichienne et dénonce la misère de la condition féminine. Il laisse notamment *La conscience des siècles,* vaste épopée en 7 volumes retraçant les exploits hussistes et la défaite funeste de la *Montagne Blanche.*

MARGOLIUS KOVÁLY Heda

Juive née à Prague, elle est déportée en 1941. Elle s'évade et vit dans la capitale en clandestine jusqu'à la Libération. Elle épouse Rudolph Margolius, membre du parti bientôt ministre mais, accusé comme London dans le procès Slansky, il sera exécuté. Elle décrit sans complaisance les déviances du régime communiste. Éxilée depuis 1968 aux États-Unis, elle travaille à la bibliothèque de l'université de Harvard.

MEYRINK Gustav (1868-1932)

Né à Vienne fils naturel d'un ministre et d'une actrice, il s'installe à Prague où il mène une vie de dandy partagée entre les aventures féminines et les cafés. Il laisse quelques écrits fantastiques prenant Prague pour décor, tels que *Le Golem,* inspirée des écrits de la Kabbale ou *La Nuit de Walpurgis* qui reprend l'épopée du grand chef hussiste Jan Žižka.

NERUDA Jan (1834-1891)

Né à Prague, il dépeint avec humour et délicatesse, notamment dans les *contes de la Malá Strana,* la vie des quartiers de Prague. C'est par admiration pour son œuvre que le poète chilien Ricardo Reyes choisira son nom de plume : Pablo Neruda.

NEZVAL Vítězslav (1900-1958)

Il sera considéré de son vivant comme l'un des plus grands poètes tchèques. Sa rencontre, en 1933, avec André Breton marque son entrée dans le surréalisme pour devenir l'un des fondateurs du mouvement « poètiste » avec Karel Teige. On lui doit notamment le recueil *Prague aux doigts de pluie* ; il fit également une adaptation théâtrale du roman de l'abbé Prévost, *Manon Lescaut.*

PERUTZ Leo (1884-1957)

Autrichien, né à Prague. Issu d'une famille juive, il combat dans l'armée autrichienne au cours de la Première Guerre mondiale puis s'installe à Vienne où, comme Kafka, il travaille dans une compagnie d'assurance. Il émigre à Tel-Aviv dès 1938. Dans tous ses romans, l'histoire, le fantastique et l'intrigue policière se rencontrent.

PRÉVOST Jean (1901-1944)

Journaliste à *L'Œuvre* puis à *L'Intransigeant*, il aborde tous les genres littéraires : poésie, essai et roman avec notamment *Les Frères Bouquinquant* sans oublier une biographie de Montaigne. Il découvre Prague au cours de l'été 1929 et rencontre le diplomate H. Wickham Steed, l'Anglais qui, selon lui, « connaît le mieux l'Europe centrale ». Il trouvera une mort prématurée,– tué par les Allemands sur le plateau du Vercors.

RAZUS Martin (1888-1937)

Né en Slovaquie, poète et nouvelliste amoureux de Prague, il composera quelques vers harmonieux sur la capitale tchèque *Paix et Orage.* Pourtant, farouchement antisémite, il publiera *King if Inns* en 1932. La même année, il rencontre A. Hlinka, fasciste déclaré du Parti populaire slovaque, pour envisager l'indépendance de la Slovaquie. Il meurt à Banska Bystrica en octobre 1937.

RILKE Rainer Maria (1875-1926)

Autrichien, né à Prague où il passe toute son enfance et une partie de son adolescence. Ses *Histoires Praguoises* d'une grande sensibilité, montrent son profond attachement à cette ville. Il voyagera toute sa vie : Russie, Allemagne, Italie, Espagne, Scandinavie, Égypte... Un temps secrétaire particulier d'Eugène Rodin, il habitera chez lui, à Meudon (1905-1906). Il laissera d'ailleurs une remarquable monographie sur le sculpteur.

RIPELLINO Angelo Maria (1923-1978)

Né à Palerme, il enseigne la littérature tchèque et russe à l'université de Rome. Il a largement contribué à faire découvrir quelques écrivains et poètes praguois tels que Hrabal, Holan, Hašek ou Čapek. On lui doit *Praga Magica,* « le livre baroque de Prague », qui fait référence pour la connaissance de la capitale.

SAND George (1804-1876)

Malgré ses souvenirs rapportés dans *Histoire de ma vie* et la lettre d'une Pragoise qui l'assure, il semble bien que la « bonne dame de Nohant » ne se soit jamais rendue à Prague ni en Bohême pour écrire *La Comtesse de Rudolstadt.*

ŠKVORECKÝ Josef (1924)

Né à Nachod, traducteur de plusieurs écrivains américains, il s'exile pour le Canada après l'invasion soviétique de 1968 et fonde la maison d'éditions Sixty-Eight spécialisée dans l'édition des *samizdats* en langue tchèque.

SOUPAULT Philippe (1897-1990)

C'est Apollinaire qui le présente à Breton et deviendra son ami. Les deux hommes fondent en 1919 avec Aragon, la revue *Littérature* annonciatrice du mouvement Dada qui allait glisser vers le surréalisme. Exclu du mouvement pour non-engagement politique, il voyage à travers l'Europe et rencontre les « poètistes » praguois. En 1938, Il s'engage pourtant fermement contre le nazisme en créant « Radio-Tunis ».

THEER Otokar (1880-1917)

Né à Czernowitz, il devient bibliothécaire à l'université de Prague. Poète tourmenté par ses interrogations sur la mort et l'au-delà, il se détache bientôt de tous liens extérieurs et s'isole dans un ascétisme austère pour ne pas, dit-il, entraver sa créativité.

URZIDIL Johannes (1896-1970)
Écrivain de langue allemande, né à Prague. Il sera une figure marquante de la vie culturelle de Prague et fréquentera Kafka et H. Mann. À l'arrivée d'Hitler en Tchécoslovaquie, il part vers l'Italie avant de s'installer définitivement aux États-Unis.

YOURCENAR Marguerite (1903-1987)
Française née à Bruxelles elle se passionne très tôt pour les humanités gréco-latines et en particulier la vie de l'empereur Hadrien. Son père Michel a traduit en anglais l'ouvrage du tchèque Koménius, *Le Labyrinthe du Monde* dont plus tard elle empruntera le titre pour son grand ouvrage en trois volumes. Considérée comme auteur classique, elle entre en 1971 à l'Académie Royale belge de Littérature et sera, en 1980, la première femme admise à l'Académie française. Fuyant l'occupation allemande elle part aux États-Unis et s'y installe définitivement à partir de 1950.

INDEX DES NOMS D'AUTEURS

*I*NDEX DES NOMS D'ŒUVRES

Remerciements

L'éditeur remercie les auteurs et les éditeurs qui ont permis la reproduction de leur œuvres.

Bertold Brecht, *Poèmes tome 6,* traduction d'André Gisselbrecht et de Joël Lefebvre, © L'Arche Éditeur, 1967.

Albert Camus, *l'Envers et l'Endroit,* © Éditions Gallimard, 1958.

Bruce Chatwin, *Utz,* Éditions Bernard Grasset.

Paul Claudel, *Saint-Jean Nepomunèce* extrait de *Corona Benignatatis Anni Dei,* in œuvre poétique, Éditions Gallimard.

Dominique Fernandez, *Le Banquet des Anges,* Librairie Plon, 1984.

Raymond Gérôme, *Celui qui dormait dans Prague.*

André Gide, *Journal (1898-1939),* © Éditions Gallimard.

Vladimír Holan, *Il n'y a pas où fuir, Prague,* coll. Monde, © Éditions Autrement, 1990.

Bohumil Hrabal, *Vends maison où je ne veux plus vivre,* traduction de Claudia Ancelot, 1989. *Moi qui ai servi le roi d'Angleterre,* traduction de Milena Braud. *Une trop bruyante solitude,* traduction de Max Keller (D. R.), 1981. Éditions Robert Laffont.

Václav Jamek, *Traité des courtes merveilles,* Éditions Bernard Grasset.

Franz Kafka, *Joséphine la Cantatrice,* traduction de Bernard Lortholary, Éditions Flammarion.

Franz Kafka, *Préparatifs de noces à la campagne,* traduction de Marthe Robert, Éditions Gallimard, 1957.

Heda Margolius Kovály, *Le Premier printemps de Prague. Souvenirs 1941-1968,* © Éditions Payot, 1991.

Milan Kundera, *La Plaisanterie,* traduction de Marcel Aymonin révisée par Claude Courtot et l'auteur, 1968. *L'insoutenable légèreté de l'être,* traduction de François Kérel, 1984, © Éditions Gallimard.

Artur London, *L'Aveu,* adapté de l'anglais par Artur et Lise London, © Éditions Gallimard.

Gustav Meyrink, *Le Golem,* traduction de Denise Meunier, Éditions Stock, 1969.

Vítězslav Nezval, *Poème pour Philippe Soupault,* Presses Universitaires de France, D. R.

Leo Perutz, *La Nuit sous le pont de Pierre,* traduction de Jean-Claude Lapèle, © Librairie Arthème Fayard, 1987.

Rainer Maria Rilke, *Frère et Sœur,* traduction d'Hélène Zylberberg et de Louis Desportes. *Le Roi Bohusch,* traduction de Maurice Betz, © Éditions du Seuil, 1966.

Angelo Ripellino, *Praga Magica,* traduction de Jacques Michault-Paternó, Librairie Plon, 1993.

Josef Škvorecký, *Miracle en Bohême,* traduction de Claudia Ancelot, Éditions Gallimard, 1978.

Johannes Urzidil, *La Maison des neuf diables,* traduction de Jacques Legrand, © Éditions Desjonquères, 1989.

Marguerite Yourcenar, *Quoi ? L'éternité,* © Éditions Gallimard.

Table des matières

Cet ouvrage a été composé
par COMPO-MÉCA s.a. - 64990 Mouguerre
L'impression a été réalisée
par Normandie Roto Impression
La reliure a été réalisée par
la SIRC à Marigny-le-Chatel - 10350
Dépôt légal : mars 1999